내게 비밀을 말해 봐!

How to Get People to Tell you everything

How To Get People To Tell You Everything
by David Craig

How to
Get People to
Tell you
everything

내게 비밀을
말해 봐!

비밀을 감추려는 자와 비밀을 캐내려는 자의 심리게임

데이비드 크레이그 지음 | 정영은 옮김

WILLCOMPANY

Contents

Chapter 2.
비밀 해제 기술은 과학이다 87

Contents

2000년 11월, 기밀 작전에 대한 박사 학위를 마친 지 4개월쯤 되었을 무렵이다. 기밀 전술학에 대한 연구와 더불어 비밀 작전을 수행하는 이들에 대한 조사를 수년간 진행하고 있던 시점이었고, 호주 연방 경찰청과 협력하여 여러 국가에서 다양한 임무를 수행한 지 십 년째 되는 해이기도 했다. 필자가 맡은 임무 중 상당수는 비밀 작전이었다.

비밀 작전을 위한 해외 파견을 마친 필자는 워싱턴에서 진행되는 첩보 훈련 과정을 돕기 위하여 바로 미국행 비행기를 탔다. 훈련도 훈련이었지만, 그전에 시간을 내어 꼭 만나보고 싶은 사람이 있었다. 바로 최초로 마피아 조직 잠입에 성공한 FBI 요원 조 D 피스톤Joe D Pistone이었다.

조는 FBI 비밀 작전 선-애플Sun-Apple의 일원으로 마이애미와 뉴

욕에서 활동하는 마피아 중추 세력에 잠입하여 6년 동안이나 조직원들과 함께 일하고 생활했다. 그가 대담하고 끈질기게 수집한 증거에 힘입어 200여 명의 마피아 조직원이 갈취에서부터 살인에 이르는 다양한 범죄로 중형을 선고받았다. 그 후 조는 몇 년간 증인 보호 프로그램 아래에서 생활했으며, 마피아는 여전히 그의 목에 50만 달러라는 현상금을 걸고 있다. 조는 현재 이름을 바꿨다. 조의 이야기는 할리우드에서 〈도니 브래스코Donnie Brasco〉라는 영화로 재탄생했고, 조의 역할은 조니 뎁Johnny Depp이 맡았다.

필자는 조를 만나 그의 경험을 배우고, 무엇보다 그의 성공 요인을 분석해보고 싶었다. 마피아 조직원들 또한 애타게 조를 만나고 싶어 한다고 들었지만, 아마 필자와는 매우 다른 이유에서일 것이다.

공항에서 약속 장소로 향하기 전, 뒤를 밟히지 않기 위해 미행방지 조처를 했다. 우리의 만남에 불청객을 끌어들일 마음은 없었기 때문이다. 비밀 장소에서 조를 만난 필자는 곧바로 본론으로 들어갔다.

"조(새 이름은 밝히지 않기로 하자), 오랜 기간 비밀 임무 수행을 가능하게 해준 가장 큰 심리적 자산은 무엇이었습니까?"

그러자 그가 답했다. "글쎄요. 우선 중요한 것은 자신이 누구인지, 무엇을 상징하는지 잊지 않는 것이었습니다. 그리고 어떻게든 주위 사람들이 입을 열게 하려고 했죠. 상대가 아무 말도 하지 않으면 그들에 대해서도, 그들이 하는 일에 대해서도 전혀 알 수가

최초로 마피아 조직 잠입에 성공한 FBI 비밀요원의 실화를 다룬 영화 〈도니 브래스코〉의 한 장면. FBI 비밀요원은 배우 조니 뎁(왼쪽)이, 그의 마피아 동료는 알 파치노(오른쪽)가 연기했다.

없으니까요."

필자의 비밀 임무 수행 경험에 비춰볼 때 그야말로 지당한 말이었다. 상대에게서 아무런 정보도 얻어내지 못한다면 불안과 희생 속에 진행한 비밀 임무는 결국 헛수고에 지나지 않기 때문이다. 필자는 조와 시간을 보내며 경험에서 우러나온 그의 비밀 임무 수행 방식을 듣고 배웠다.

필자가 연방 요원으로 일한 지도 어느덧 22년이라는 세월이 흘렀고, 여러 정부 기관이나 기업체에서 기밀 작전 관련 자문과 훈련 프로그램을 진행한 지도 8년이 되었다. 이제는 그 시간 동안 필자가 깨달은 가장 효과적인 대인관계 기술을 독자들과 나누고 싶다. 이 책에서는 스파이나 첩보요원들이 비밀 정보를 알아내기 위하여 사용하는 고급 기술을 일반 독자들이 직장이나 일상생활에서 활용하는 방법을 소개하려 한다. 어디에도 소개된 적이 없는 이러한 방법을 익힌 독자들은 비즈니스에서도, 직장에서도, 개인적인 인간관계에서도 상대보다 심리적으로 늘 한발 앞설 수 있을 것이다.

이 책은 〈거짓말을 잡아라Lie Catcher〉에 이은 필자의 '심리적 경쟁력' 시리즈의 두 번째 책이다. 두 책은 상호보완적이라고 볼 수 있다. 첫 번째 책은 상대가 거짓말을 하거나 정보를 숨길 때에 알아차릴 수 있게 해주고, 두 번째 책은 바로 그 정보에 접근하는 법을 알려주니 말이다. 그러나 이 책에 소개된 기술을 활용하기 위하여 꼭 첫 번째 책을 읽어야 하는 것은 아니다.

이 책을 다 읽고 여기에 소개된 기술을 습득하고 나면, 사람들을 더 잘 이해하고 그들에게 더 큰 영향력을 발휘할 수 있을 것이다. 상대는 마음을 열고 평소라면 절대 털어놓지 않을 정보를 알려줄 것이다. 그것도 자진해서 기꺼이 말이다.

그럼 이제 책을 읽어나가며 이러한 기술이 가져다줄 수 있는 이점을 마음껏 누려보자. 행운을 빈다.

사람들은 다양한 이유로 정보를 숨긴다. 개중에는 악의적인 경우
도, 그러지 않은 경우도 있다. 상대가 숨기는 이 정보가 바로 비밀
이며, 이를 알아내게 되면 많은 경우 우리에게 유리하다. 스파이나
비밀요원들은 이미 오랫동안 상대의 비밀 정보를 성공적으로 캐내
왔다. 이 책은 바로 이런 전문가들이 정보를 끌어내기 위하여 사용
하는 기술을 직장과 일상생활에서 효과적으로 활용하는 방법을
소개한다. 이러한 고급 기술을 익힐 수 있다면 우리는 상대에 대하
여 상당한 심리적 우위를 점할 수 있을 것이다.

대화 중 상대가 뭔가를 숨기는 것 같은 느낌을 받아본 적이 있
는가? 그 상대는 우리의 자녀일 수도 있고, 배우자, 직장 동료, 고
객, 혹은 경쟁자일 수도 있다. 이 책과 함께라면 상대가 감추고 있
던 비밀을 자발적으로 털어놓게 할 수 있는 지식과 기술을 습득할

수 있다.

누군가가 당신에게 필요한 정보를 숨기는 바람에 상처받거나 실망하고, 불리한 상황에 놓여본 적이 있는가? 아니면 가까운 사람이 이러한 피해를 입은 적은 혹시 없는가? 바로 그러한 경험 때문에 이 책을 집어 들었을 수도 있다. 우리는 다음과 같은 상대가 숨기는 정보를 알아냄으로써 그들과의 관계를 개선할 수 있다.

- 자녀 혹은 학생
- 잠재 고객
- 환자 혹은 배우자
- 사업상의 경쟁자

상대에게서 숨은 정보를 얻어낼 수 있다면 다음과 같은 활동도 훨씬 수월해질 수 있다.

- 새로운 인맥 형성
- 인맥 확대
- 나만의 반쪽 찾기 (그렇다, 숨은 정보를 알아내는 기술은 새로운 사람과의 데이트에도, 기존 관계를 개선하는 데에도 도움이 된다.)
- 영향력 향상을 통한 개인적인 인간관계와 사업상의 관계 개선

이 모든 것을 이루려면 상대의 비밀에 접근할 수 있어야 한다.

비밀은 사람의 마음을 끄는 매혹적인 주제인 만큼, 누군가가 내밀한 비밀을 털어놓으면 특별한 대우를 받는 것 같은 기분을 느끼기도 한다. 그런데 세상에는 굳이 털어놓지 않아도 될 정보를 자발적으로 털어놓는 사람이 있는가 하면, 반드시 필요한 정보도 비밀로 하는 사람들이 있다. 우리가 우리 자신이나 심지어 비밀을 숨기는 상대방을 보호하기 위해서 꼭 필요한 정보마저 말이다. 이러한 정보는 상대를 돕거나 (상대가 어린이, 고객, 환자인 경우 더욱 그렇다) 사업적 활용을 위하여 꼭 필요한 정보인 경우도 있다. 이 책의 1장에서는 우리가 비밀을 만드는 이유, 비밀을 감추는 행위와 이를 드러내는 행위가 우리에게 미치는 영향 등 비밀의 모든 것에 대하여 함께 알아보려 한다.

이 책에서 소개하는 기술의 목적은 상대의 비밀을 폭로하여 망신을 주거나 피해를 주는 것이 아니다. 우리의 목적은 바로 우리 자신과 상대방을 보호하고 이롭게 하는 것이다. 더불어 상대는 비밀을 털어놓음으로써 홀가분한 해방감을 느낄 수 있다. 상대가 숨기고 있던 정보는 복지 제공에 도움이 되는 정보일 수도 있고, 의료진, 변호사, 교사, 부모가 상대를 돕기 위하여 반드시 필요한 정보일 수도 있다. 상대가 숨기는 정보를 알아냄으로써 협상력을 높이거나 시장에서 우위를 점하고, 매출을 높이거나 직장 내에서의 심리적 경쟁력을 강화할 수도 있다.

● 의사소통을 이해하는 새로운 방식

1980년대 초에는 의사소통 연구의 새로운 분야로 보디랭귀지가 떠올랐고, 이에 대한 정보가 폭발적으로 증가했다. 보디랭귀지에 대한 책들은 인간의 의사소통을 더욱 잘 이해할 수 있게 해주는 새로운 지평을 열었다. 이 '신지식'을 소유한 사람들은 그렇지 않은 이들에 비하여 엄청난 이점을 가지게 되었다. 상대의 생각을 더 잘 간파할 수 있었으니 말이다. 그러나 보디랭귀지를 주제로 한 책이 말 그대로 수백 권에 이르게 넘쳐나는 지금은 사정이 다르다. 이 지식이 퍼지며 상대를 속이기 위하여 가짜 보디랭귀지를 사용하는 사람들이 나타났고, 심지어 그 방법을 가르치는 훈련 과정까지 생겨났다.

인간의 의사소통을 더욱 잘 이해하기 위한 새로운 지식에 목마른 사람들은 고급심리기술로 눈을 돌려 이러한 기술을 이해, 개발, 적용하고자 애썼다. 보디랭귀지 이해의 중요성을 부정하는 것은 아니다. 그러나 보디랭귀지에 정통한 사람이 너무나도 많아진 지금, 경쟁력을 갖추려면 새로운 지식이 필요하다. 어느덧 21세기가 시작된 지도 꽤 많은 시간이 흐른 지금, 마음을 읽어낼 새로운 방식이 필요한 것이다.

이제 의사소통에서 우리가 주목해야 할 새로운 분야는 보디랭귀지 같은 신체적인 부분이 아닌 심리적인 부분이다.

● 상대의 입을 여는 4단계

이 책의 2장에서는 정보유도법이 소개된다. '정보유도elicitation'라는 용어는 정부 정보기관과 비밀요원, 첩보원들이 널리 사용하는 용어로, 대화를 통하여 목표 인물로부터 필요한 정보를 이끌어내는 교묘한 기술을 뜻한다. 다시 말해, 정보유도는 '숨은 정보를 밝히는 것'이다. 많은 첩보기관이 상대에게서 정보를 얻어내는 공격적 임무에서, 그리고 정보를 지키는 방어적 임무에서 오랫동안 정보유도 전술을 활용해왔고, 이는 오늘날도 변함없다.

예를 들어보자. 필자는 2001년 동티모르와 인도네시아를 가르는 정글 국경 지대에서 임무를 수행 중이었다. 당시 인도네시아 쪽 국경에서는 무장 세력이 왕성하게 활동하며 동티모르를 습격해 민간인들에게 끔찍한 피해를 주곤 했다. 필자는 이 책의 1, 2장에 소개할 지식과 3, 4장에 소개할 기술을 활용한 결과, 무장 세력의 국경 연락책에게서 필요한 정보를 얻어낼 수 있었다. 작전 본부에서는 그 연락책이 자기도 모르게 털어놓은 정보를 조합하여 다음번 습격 일정을 예측해냈다. 그 결과 습격 예정일에 길목을 지키던 UN 평화유지군이 무장 세력 일부를 잡아들였고, 수많은 민간인이 목숨을 구하게 되었다.

물론 독자들이 이런 극한 상황에서 정보유도법을 사용할 일이 생기지는 않을 것이다. 그러나 이 책에서 소개하는 일상생활에서 활용할 수 있는 정보유도 기술은 필자가 사용했던 기술과 같은 원리를 적용하고 있다. 책의 3장에서는 상대와 자연스럽게 대화를 시작하고, 이들의 호감을 사고, 결국에는 마음을 열 수 있게 하는 대인관계 기술을 소개할 예정이다. 이러한 기술은 자녀가 옳지 못한 일을 저지르고 나서 이를 인정하려 하지 않을 때에, 혹은 적절한 도움을 주는 데 꼭 필요한 정보를 환자나 고객이 숨기려 할 때에 유용하게 사용할 수 있다. 즉, 자신에게 상처를 주게 될 비밀을 꼭꼭 숨기는 상대를 도울 수 있는 것이다. 업무적으로는 경쟁자, 고객, 동료, 부하직원, 상사 등에게 활용하여 상대의 의중을 파악하거나 유용한 정보를 얻을 수 있을 것이다.

이 책은 바로 그러한 정보를 얻어내는 방법을 독자들에게 알려준다. 4장에 소개할 READ 정보유도 모델READ Model of Elicitation은 일반 독자들이 쉽게 따라 할 수 있는 4단계 정보유도법이다. 필자가 특별히 고안한 이 모델은 이 책을 통하여 처음으로 대중에게 공개되는 것으로, 복잡한 정보유도 과정을 단순화하여 필요한 숨은 정보를 찾아낼 수 있도록 도와줄 것이다.

비밀에 대한 연구는 다른 분야와 비교해 봤을 때 아직 부족한 편이며, 복잡한 심리학 이론 때문에 어렵게 느껴지는 분야이기도 하다. 비밀을 알아내는 방법에 대해서는 더더욱 알려진 바가 없으며, 존재하는 방법들 또한 대부분 첩보 기관이 쳐놓은 비밀의 베일에 가려져 있었다. 그러나 이제는 아니다. 이 책은 비밀에 관련된 최신 이론과 더불어 비밀 작전의 세계에서 은밀하게 사용되어온 효과적인 심리적 도구를 소개하고, 일상생활에서 간단하면서도 효과적으로 활용하는 방법을 알려줄 것이다.

Chapter 1.

비밀의 은밀한 속성을 이해하라

이번 장에서는 사람들이 정보를 감추는, 즉 비밀을 만드는 이유를 이론적으로 알아보도록 하자. 우리의 목표는 상대방이 숨기려 하는 정보를 얻어내는 것이다. 이를 위해서는 비밀을 설명하는 이론에 대해 일정 수준의 지식을 쌓아야 한다. 숨은 정보를 찾아내려면 상대와 환경에 따라 달라지는 다양한 역학 관계와 심리 요인에 적절히 대응할 수 있어야 하기 때문이다.

4장에 소개될 READ 정보유도 모델은 상대에게서 원하는 정보를 얻어내는 훌륭한 도구가 되어줄 것이다. 그러나 사람들이 주어진 상황에서 정보를 숨기는 이유를 제대로 이해하지 못한다면, 이는 반쪽짜리 성공에 그칠 것이다. 사람들이 비밀을 숨기는 이유를 완전히 이해해야만 정보유도 전략을 유연하고 정교하게 조정하여 맞춤형으로 활용할 수 있다. 그러면 자연히 원하는 정보를 얻어낼 확률도 높아질 것이다.

비밀은 상대가 우리에게 숨기려 하는 모든 정보다. 비밀이라는 주제 자체에서 느껴지는 신비감은 대부분의 문화권에서 사람들의 호기심을 불러일으킨다. 인터넷 검색창에 '비밀'이라는 단어를 치면 무려 2억 5,900만 개의 결과물이 나타난다. 내용도 '애완견의 행복 비밀'에서부터 '정부 비밀 폭로'까지 그야말로 가지각색이다. 그만큼 비밀은 모두에게 친숙한 주제이며, 사람들은 타인의 비밀을 알아내는 데에 관심이 높다.

파파라치들은 유명인과 부유층을 뒤쫓아 다니면서 사생활을 침범하고 도발하는 방식으로 기를 쓰고 비밀을 들춰낸다. 이러한 행동은 늘 새로운 비밀에 목말라 있는 대중의 지칠 줄 모르는 호기심을 충족시키기 위한 것이다. 유명인들이 가장 숨기고 싶어 하는 것들 즉, 열애, 결별, 건강 문제, 약물 문제나 꼭꼭 숨겨온 과거의 비밀이야말로 대중이 가장 열광하는 소재다. 이러다 보니 일부 신문들은 유명인의 비밀 정보를 캐내기 위해 사적인 통화까지 도청해서 비밀을 폭로하기도 한다.

사람들은 매일 사무실의 정수기 옆에서, 구내식당에서, 카페에서, 술집에서 '누가 이랬다더라', '누가 누구랑 바람을 피운다더라', '누가 이런 말을 했다더라'는 소문을 주고받는다. 물론 그중 가장 인기 있는 정보는 아직까지 아무도 모르는 비밀 정보이며, 이런 정보의 보유자는 일종의 권력을 누릴 수 있다. 만약 사람들이 타인의 숨겨진 활동에 관심이 없다면 사무실의 뒷담화도, 각종 가십을 다

파파라치들은 유명인과 부유층을 뒤쫓아 다니면서 사생
활을 침범하고 도발하는 방식으로 기를 쓰고 비밀을 들
춰낸다. 이러한 행동은 늘 새로운 비밀에 목말라 있는 대
중의 지칠 줄 모르는 호기심을 충족시키기 위한 것이다.

루는 블로그도, 타블로이드지도 일찌감치 자취를 감췄을 것이다.

상업적인 측면에서 비밀 유지는 때때로 기술적 발전이나 연구 프로그램, 제품 제조 방법 등의 보호를 위해 필요하다. 기업은 경쟁 우위를 유지하기 위하여 자사의 사업 전략과 마케팅 전략이 경쟁사에 노출되지 않도록 애쓴다. 주주들의 동요를 막고 주가를 (그리고 아마도 CEO의 자리를) 지키기 위하여 예정된 합병, 주가 손실, 매각 등의 정보를 숨기기도 한다. 경매인은 최소 경매 가격을 악착같이 감추려 하며, 소매업자들은 제품의 실제 원가가 알려지는 것을 원치 않는다. 주식 시장에서 비밀 정보 누설은 엄격하게 금지되어 있으며, 내부자 거래 등의 행위는 형사처벌의 대상이 된다.

이와 유사하게, 정부 또한 각종 법과 정책, 정보기관을 동원하여 정보의 누출을 막고 타국 정부의 접근을 차단한다. 이와 동시에 밀, 양모, 광물 등의 무역 거래 정보에서부터 군사 기밀에 이르기까지 상대국의 비밀을 캐내기 위해 은밀한 노력을 기울이기도 한다. 기업들은 타사의 지적 재산과 기업 비밀을 알아내는 데에 혈안이 되어 있으며, 중국* 등의 경쟁국 또한 이러한 비밀을 찾는 데에 적

---

* 호주의 TV프로그램 〈식스티 미니츠(Sixty Minutes)〉 2011년 11월 18일 방영분에서는 다음과 같은 내용이 소개되었다. 미국 클린턴 행정부와 부시 행정부의 대테러 책임자였던 리처드 클라크(Richard Clarke)는 인터뷰를 통해 중국 등의 국가가 군사 기밀뿐 아니라 기업 비밀 또한 노리고 있다고 밝혔다. 중국 정부가 손에 넣은 정보는 중국 기업의 손에 들어가고, 기업들은 이러한 정보를 이용하여 정보를 도둑맞은 바로 그 기업들을 상대로 경쟁한다고 한다. (방송 링크: http://60minutes.9msn.com/article.aspx?id=8376293)

극적이기는 마찬가지다. 타인의 비밀을 알아내는 것이 이미 하나의 커다란 산업으로 자리 잡은 것이다.

비밀이라는 복잡 미묘한 존재는 모든 이의 삶을 이루는 자연스러운 일부다. 누구에게나 비밀은 있으며, 특정한 정보를 감추고 싶어 하는 것도, 타인의 비밀을 알게 되는 일이 극히 드문 것도 자연스러운 일이다. 그런데 타인의 숨겨진 정보에 접근하는 데에 사람들이 매우 높은 관심을 보이는 반면, 비밀이나 비밀성에 대한 연구는 다른 분야에 비하여 활발히 이루어지지 않았다. 물론 일부 신뢰할 만한 연구가 존재하기는 하지만, 비밀은 여전히 연구가 부족한 분야이며 이미 진행된 연구 중에도 추측에 불과한 것들이 많다. 간단히 말해, 우리는 비밀에 대하여 아는 것이 별로 없고, 비밀을 알아내는 방법에 대해서는 더더욱 아는 것이 없다.

첩보 기관들은 지난 수십 년 동안 특별한 대화 기술과 압박 전략, 때로는 불법적인 보상을 동원하여 상대의 입을 열게 하고 이들이 발설을 꺼리는 정보를 캐내 왔다. 그런데 첩보 기관뿐 아니라 우리 일반인들도 상대에게서 숨은 정보를 얻어내야 할 때가 있다. 물론 하루하루 법을 지키며 살아가는 우리로서는 법의 테두리 내에서 행동하는 것이 바람직하며, 이는 충분히 가능한 일이기도 하다. 한 연구에 따르면, 사람들은 상황만 적절하다면 적어도 한 사람, 혹은 그 이상에게도 비밀을 털어놓는다고 한다. 비밀 정보를 타인과 공유하고 부담을 내려놓으려는 자연스러운 충동 때문이다. 즉, 타인과 비밀을 공유하고자 하는 것은 인간의 기본적인 습성이다. 이 책의 2장에서는 이러한 상대의 충동을 극대화하는 방법에 대해 살펴보도록 하겠다.

　사람들이 정보를 숨기는 이유는 다양하다. 가장 흔한 이유로는 난처한 상황이나 타인의 거절을 피하려고, 부정적인 인상을 주지 않으려고, 타인의 감정을 상하지 않게 하려고 등이 있다. 흥미롭게도, 한 연구에 따르면 비밀을 털어놓은 이에게서 건강상의 뚜렷한 개선이 관찰되었다고 한다. 정보유도 기술을 적절히 활용하면 상대가 숨기려 하는 정보를 털어놓게 함으로써 필요한 도움을 받게 할 수도 있는 것이다.

　우리가 상대에게서 정보를 알아내려는 이유 또한 다양하다. 사업적인, 혹은 개인적인 이득을 위해서일 수도 있고, 비밀에 짓눌린 상대를 돕기 위해서일 수도 있다. 이유가 무엇이든 중요한 것은 유도법의 적절한 선택과 유연한 접근이다. 이를 위해서는 비밀 행위에 대한 이론을 조금 더 자세히 살펴볼 필요가 있다.

비밀이란
무엇인가?

대부분의 사람들은 이 단순한 질문에 쉽게 답할 수 있다고 생각한다. 사람들이 타인에게 정보를 숨기는 이유와 이를 알아내는 법에 대한 연구를 막 시작했을 무렵의 필자 또한 그렇게 생각했다. 그러나 비밀에 대해 연구할수록 실제 비밀에 대한 설명이 그야말로 무궁무진하다는 것을 깨닫게 되었다. 학계, 법조계, 기타 전문 영역할 것 없이 비밀이란 무엇인가에 대한 의견이 분분했고, 현재까지도 그렇다.

어떤 이들은 오직 한 사람만 알고 있는 정보만이 비밀이라고 주장한다. 그런가 하면 이미 널리 알려진 정보를 한 사람에게라도 의도적으로 숨긴다면 그것이 바로 비밀이라는 주장도 있다. 과연 한 사람 이상과 공유한 정보를 비밀로 볼 수 있을까? 그렇다면 그 정보가 더 많은 사람들에게 알려진다면 어떨까? 이 정보는 과연 언제쯤 비밀의 자격을 잃게 될까? 다섯 명이 알게 되면 비밀이 아닌 걸까? 열 명이, 오십 명이 알게 되었을 때일까? 법정에서조차 비밀의 기준에 대한 판례가 다양했다는 사실은 이 단순해 보이는 질문을 둘러싼 의견이 얼마나 분분한지 단적으로 보여준다.

자세히 들여다보면 문제는 더욱 복잡해진다. 일부 학자들은 인간이 타인에게 숨기는 비밀 외에 자기 자신에게 숨기는 비밀 또한 존재한다고 주장했다. 이쯤 되면 대체 무슨 말인가 싶은 독자들도 있으리라.

설명을 하자면 이렇다. 1915년, 지그문트 프로이트는 인간의 마음은 의식Conscious Mind, 전의식Preconscious Mind, 무의식Subconscious Mind의 3단계로 나누어져 있다고 주장했다. 의식은 우리가 현재 생각하고, 집중하고, 정보를 처리하는 데에 사용하는 부분이다. 전의식은 우리가 인식할 수는 있으나 평소에 집중하는 부분은 아니다. 단, 노력하면 의식 속으로 떠올릴 수 있다. 무의식은 우리의 통제를 벗어나 독립적으로 사고하고 움직이며, 우리의 성격과 행동에 영향을 미친다. 최근 연구에 따르면 무의식이 우리의 행동에 미치는 영향은 애초에 프로이트가 주장한 것보다 더 클 수도 있다고 한다.

이러한 생각의 연장선에서 보면, 특정한 정보를 너무 깊이 억압하다가 자기 자신에게조차 비밀이 되어버리는 것도 충분히 이해 가능한 일이다. 필자에게도 수년간 자각하지 못한 비밀이 있을 수 있다. 그 비밀만 밝혀내면 리모컨이나 자동차 키를 왜 그렇게 자주 잃어버리는지 설명할 수 있을지도 모른다.

농담은 이쯤하고 다시 진지한 이야기로 돌아오자면, 환자, 고객, 자녀, 또는 배우자에게서 어떤 정보를 이끌어내고자 할 때에는, 그

지그문트 프로이트는 인간의 마음은 의식,
전의식, 무의식의 3단계로 나누어져 있다고
주장했다. 최근 연구에 따르면 무의식이 우
리의 행동에 미치는 영향은 애초에 프로이트
가 주장한 것보다 더 클 수도 있다고 한다.

정보가 너무나도 깊게 억압된 나머지 당사자는 그 존재를 자각하지 못할 수도 있다는 점을 명심해야 한다. 상대와의 대화 중 이러한 낌새가 느껴진다면 주의가 필요하다. 억압된 기억을 떠올리는 것은 보통 감정적 자극을 동반하므로 전문가의 도움과 지도를 구하는 것이 좋다.

이 책에서 주로 다루고자 하는 내용은 독자들에게, 그리고 사랑하는 이들에게 도움이 될 수 있도록 숨은 정보를 알아내는 실질적인 방법이므로 '비밀성'이라는 것을 정의하고자 철학적인 분석까지 할 필요는 없다. 우리에게 필요한 것은 상대에게서 정보를 알아내고자 할 때에 활용할 수 있는 실용적이고 보편적인 수준의 정의다. 따라서 우리가 이 책에서 사용할 간결하고도 합리적인 정의는 다음과 같다. '비밀 유지'란 '타인에게 의도적으로 정보를 숨기는 행위'이다. 여기에서 '타인'은 회사, 기업, 단체, 정부 등의 기관일 수도 있고 배우자, 자녀, 친구, 동료, 낯선 이, 자신 등의 사람일 수도 있다.

비밀 자체에 대한 정의 외에도, 비밀이나 정보유도에 관하여 설명할 때 이 책에 자주 등장하는 아래 용어를 이해하는 것 또한 중요하다.

- 비밀 주체Secret-keeper : 비밀 주체는 정보를 숨기고 있는 사람이나 기관을 뜻한다. 이 사람이나 기관은 자신의 비밀을 지키고 싶어 한다.

• 비밀 객체Secret-target : 비밀 객체는 비밀 주체에 의하여 의도적으로 정보를 제공받지 못하는 사람이나 기관을 뜻한다. 이들은 상대의 비밀에서 배제되거나 그로 말미암아 불리한 위치에 놓인다. 상대가 우리에게 정보를 숨기는 경우 상대는 비밀 주체, 우리는 비밀 객체가 된다.

비밀의
유형

비밀의 본질에 대해서는 아직 밝혀지지 않은 부분이 많지만, 신뢰할 만한 여러 학자가 비밀을 더욱 잘 이해하기 위한 연구를 꾸준히 수행해왔다. 비밀의 유형 분류와 사람들이 정보를 숨기는 동기에 대한 해석은 천차만별이다. 상대가 숨기려 하는 정보를 유도하여 얻어내려면 그 비밀의 유형과 동기를 제대로 파악할 줄 알아야 한다.

여러 연구에 소개된 비밀의 유형과 동기가 너무나도 다양한 관계로, 쉽게 이해할 수 있는 두 가지 유형으로 크게 분류해보았다. 이 분류를 활용한다면, 정보 유도에 필요한 기술을 더욱 성공적으로 배우고 식별하며 적용할 수 있을 것이다. 필자가 소개하는 비밀의 기본적인 두 유형은 바로 자기중심 비밀과 타인중심 비밀이다.

● 자기중심 비밀 self-focused Secrets

어떤 사람들은 인생을 살아가며 정보를 숨기고자 하는 욕구가 점점 증가하고 쌓여가는 것을 느끼게 된다. 이들은 상대에게 개인적인 정보나 직업적인 정보, 혹은 가족이나 재정에 관한 정보를 숨기거나 선별적으로 공개해가며 자신의 평판이나 인간관계를 관리한다. 이러한 행동에는 정당한 이유가 있는 경우도, 그렇지 않은 경우도 존재한다. 물론 (살인이라든가 하는) 무시무시한 과거를 숨기고 있지는 않겠지만, 지금 이 책을 읽고 있는 독자들도 타인에게 알리고 싶지 않은 정보 한두 개쯤은 가지고 있을 것이다. 이는 충분히 이해 가능한 정상적인 일이다.

자기중심 비밀은 자기 자신의 이익을 위하여 감추고 있는 정보를 뜻한다. 이러한 비밀이 폭로되면 망신, 타인의 부정적 인식, 이점이나 권력의 상실 등 자신에 대한 타격으로 이어진다.

자기중심 비밀은 상황에 따라 전적으로 타당할 수도, 부당할 수도 있다. 과거 파산한 경험이 있는 사람을 예로 들어보자. 이 정보가 밝혀지면 이 사람은 망신을 당할 수도 있고, 주위 사람의 시선 또한 변할 수 있다. 주변의 시선 변화에는 정당한 이유가 있을 수도, 그렇지 않을 수도 있지만 어쨌든 당사자로서는 이 정보를 드러내지 않고 숨겨두는 것이 타당한 행동일 것이다. 그러나 우리가 이 사람에게 돈을 빌려주거나 함께 사업을 시작하려 한다면 이야기는 달라진다. 이러한 경우라면, 우리는 그 정보를 알 권리가 있다. 만약 상대방이 이를 성공적으로 숨긴다면 우리가 타격을 입을 수도 있다. 이 책의 3장과 4장에 소개되는 기술을 활용하여 이러한 정보를 알아낼 수 있다면, 비밀 주체에게는 불리하겠지만 우리 자신의 이익은 더욱 잘 지켜낼 수 있을 것이다.

세상에는 셀 수 없을 만큼 다양한 자기중심 비밀이 존재하며, 그 주제 또한 무궁무진하다. 미시간 대학에서 진행한 한 연구를 살펴보면 자기중심 비밀이 얼마나 다양한지 알 수 있다. 연구에 등장하는 비밀은 "저희 아버지는 알코올 중독자예요"나 "섹스가 늘 즐겁지는 않아요" 등의 상대적으로 가벼운 내용에서부터 "자살을 하면 어떨까 하는 생각이 끊임없이 들어요", "가끔은 누군가를 죽여야 한다는 (혹은 죽이고 싶다는) 생각이 들어요", "가족과 근친상간을 경험한 적이 있어요" 등의 위험한 내용까지 다양하다. 후자의 예처럼 무거운 비밀의 경우 가족, 친구, 의료진 등이 알아낼 수 있다면 비밀 주체나 주변 사람을 더욱 잘 돕고 보호할 수 있을 것이다.

그런가 하면, 타인보다 우위를 점하기 위하여 정보를 공개하지 않는 경우도 있다. 이런 경우, 이점이 되었던 정보가 알려지면 그 효과는 사라져버린다. 예를 들어, 시험을 앞둔 학생이 출제 예정 문제를 알게 되거나 면접을 앞둔 구직자가 '면접관이 중점적으로 보는 것'을 미리 알게 된 경우, 혹은 계약을 놓고 경쟁 중인 상황에서 한 업체가 상대의 입찰가에 대한 '내부' 정보를 입수한 경우라면 이를 공개하는 것은 본인에게 손해가 될 것이다. 이런 경우, 주체는 자기중심 비밀을 지키게 된다.

이 책의 목적은 상대의 비밀 정보를 알아내는 기술의 옳고 그름을 따지는 것도, 그에 대한 도덕적 잣대를 제공하는 것도 아니다. 이에 대한 판단은 다양한 상황에서 이러한 기술을 적용하게 될 독자의 몫이다.

경우에 따라 상대가 자기중심 비밀을 털어놓도록 유도함으로써 상대에게 필요한 도움이나 보호, 치료를 제공할 수도 있다. 이러한 예로는 학교에서 괴롭힘을 당하는 자녀, 인터넷 성범죄자에게 걸려든 아동, 가정 폭력 피해자, 마약이나 알코올 중독자 등이 있을 수 있다.

자기중심 비밀로는 아래와 같은 예가 있다.

- 직장에서 저지른 실수
- 창업 실패 사실
- 드러내기 민망한 가족사 혹은 개인사
- 다시 떠올리기 싫은 비극적인 사건
- 외도
- 부모, 혹은 배우자의 학대 사실
- 약물이나 알코올의 중독이나 남용
- 섭식 장애
- 형사상 범죄에 대한 유죄 판결 사실
- 비행, 바늘, 거미, 뱀 등에 대한 극심한 공포증

- 수입, 자산, 부채, 대출 등 개인의 재정적 상황 (신용카드 빚은 흔한 자기중심 비밀 중 하나로, 배우자 간에도 숨기는 경우가 많다)
- 사업 계획과 마케팅 전략
- 제품 정보와 기업 정보

요컨대 자기중심 비밀은 자신을 보호하거나 이롭게 하고, 사회적으로 부정적인 결과를 피하며, 개인적인 혹은 재정적인 이점을 보호하기 위한 것이다. 그럼 이제 비밀의 두 번째 유형인 타인중심의 비밀과 그 하위분류에 속하는 직업적 타인중심 비밀, 그리고 개인적 타인중심 비밀에 관하여 살펴보자.

● 타인중심 비밀 Other-Focused Secrets

타인중심 비밀은 그 명칭에서 알 수 있듯 비밀 주체가 타인, 혹은 다른 기관의 이익을 위하여 지키는 비밀을 뜻한다. 비밀을 유지하는 주체는 개인인 경우도 있고, 기업, 조직, 정부 등 기관인 경우도 있다. 다른 비밀과 타인중심 비밀을 가르는 가장 큰 차이는 바로 선한 의도다. 즉, 비밀 주체가 정보를 숨기는 공통된 동기는 비밀의 대상에 대한 호의인 것이다. 동기 자체는 다양하다. 타인을 보호하고 감정을 상하지 않게 하려는 것일 수도 있고, 자신이 속하거나 충성하고 있는 회사, 사업, 정부를 보호하기 위한 것일 수도 있다.

선의에서 타인중심 비밀을 지키는 행위의 전형적인 예는 의료계 종사자들에게서 찾을 수 있다. 늘 환자의 안위를 최우선에 두어야 하는 의료인들은 종종 의료 정보의 공개 여부에 대하여 어려운 결정을 내려야 하는 상황에 처하곤 한다.

예를 들어 회복 확률이 극히 낮은 불치병 환자를 치료하는 상황을 가정해보자. 의사는 환자와 대화 시 유사한 상태의 다른 사람들이 완전히 회복된 사례가 있다는 말을 해줄 수 있다. 이때 의사는 그와 같은 사례는 극히 드물고, 환자가 생존할 확률은 매우 낮다는 소견은 비밀에 부칠 것이다. 환자에게 희망과 안정, 그리고 회복을 위한 동기를 부여하기 위하여 정보를 숨기는 것이다. 이러한 비밀이 바로 직업적 타인중심 비밀에 속한다.

아래 소개할 뉴저지 주 소아 에이즈 간호사의 이야기는 의료인들이 환자나 가족으로부터 비밀을 지켜달라는 요청을 받았을 때 겪게 되는 어려움과, 선의의 비밀이 가져올 수도 있는 비극적인 결과를 보여주는 사례다.

병원에 입원한 한 여덟 살배기 소녀가 에이즈에 걸렸다는 판정을 받았다. 그런데 소녀의 어머니는 자신의 딸(환자)에게는 이를 알리지 말아 달라고 간호사에게 요청했다. 간호사와 복지사는 소녀가 병동 내에서 오가는 대화를 듣고 자신의 병에 대하여 알게 될 수도 있으니 소녀에게 병명을 알리자고 어머니를 설득하려 애썼다. 그러나 끔찍한 소식으로부터 딸을 보호하고 싶었던 어머니는 이들의 설득을 거부하고 다시 한 번 아이에게 알리지 말라고 요청했다.

시간이 흐른 어느 날, 소녀가 손짓으로 회진을 돌던 간호사를 불렀다. 간호사는 아이의 목소리를 듣기 위하여 몸을 가까이 기울였다. 이미 쇠약해진 아이는 말하는 것조차 힘겨워 보였다. 아이는 간호사에게 이렇게 말했다. "저 많이 아파요. 아무래도 에이즈에 걸린 것 같아요. 하지만 엄마에게는 말하지 않겠다고 약속해주세요. 이건 비밀이에요. 엄마가 알게 되면 많이 슬퍼하실 거예요."

이 불행한 사례에서는 아이도, 엄마도, 간호사도 타인중심의 비밀 때문에 불필요한 짐을 지게 됐던 것이다.

선의를 가지고 상대방을 보호하고자 하는 마음에서 타인중심의 비밀을 숨길 수도 있다. 그러나 자칫 정도가 지나치면 비밀을 지킴으로써 보호하려고 했던 대상이 비밀을 파악하지 못하여 선의에 희생될 수 있다.

일부 직군에서는 (업무상의) 타인중심 비밀을 지키는 데에 온 힘을 쏟는다. 그도 그럴 것이, 기밀 유지가 상업적 이윤과 직접적으로 연관된 경우가 많기 때문이다. 이러한 비밀은 수십 년 동안이나 유출되지 않고 성공적으로 지켜지기도 한다.

그렇다면 기업이 상표권이나 지적재산권, 특허 등의 법적 장치에 기대지 않고 비밀이라는 수단을 택하는 이유는 무엇일까? 그것은 바로 보호 기간이 제한적인 특허 등의 법적 장치에 비해 비밀은 잘만 지키면 무한히 보호되기 때문이다.

일례로 특허권의 경우, 많은 국가에서 20년이 지나면 효력을 잃는다. 예를 들어, 호주, 영국, 미국, 뉴질랜드에서는 특허권을 20년까지 보장한다. 캐나다에서는 17년 동안만 보장하는 경우도 있다.

코카콜라가 제조법을 보호하기 위하여 특허라는 방법을 택했다면, 그 비법은 이미 50년 전에 대중에게 알려졌을 것이다. 코카콜라는 수십 년간 성공적으로 비밀을 지켜왔지만, 여기에는 물론 우여곡절도 있었다. 2006년, 기업 기밀 유출이 얼마나 심각한 범죄인지 보여준 사건이 있었다. 바로 코카콜라에서 근무하던 비서가 기밀문서와 신제품 샘플 및 제조법을 훔쳐 펩시콜라에 넘기려 했던 사건이었다. 이 직원은 기밀 정보를 가지고 펩시콜라에 접근했지만 펩시는 즉시 FBI에 신고했고, FBI는 비밀수사에 착수해 이 비서를 포함한 세 명을 기소했다. 비서 조야 윌리엄스는 2007년 징역 8년형을 받았다. 사건을 담당한 데이빗 나미아스 검사는 "법무부는 귀중한 영업 비밀을 훔치는 행위를 절대 좌시할 수 없습니다. 이번 사례가 보여주듯, 이러한 행동은 경쟁업체에서도 용인하지 않습니다"라고 말했다.

삶의 개인적인 영역에도 타인중심의 비밀은 존재하며, 이 또한 본질적으로 이타적이다. 비밀의 주체는 순전히 호의와 선의를 바탕으로 몇 년 동안이나 비밀의 객체(정보를 알리지 않는 대상)를 보호한다. 애정이 식어 갈라서고 싶어 하는 부부가 자녀를 위하여 함께하기로 결정하는 경우를 보면 알 수 있다. 이러한 정보는 보통 아이를 위하여 숨기게 된다.

깜짝 생일파티나 기념일 이벤트, 선물을 사고 숨겨놓는 행동처럼 제한된 시간 동안만 지키면 되는 가벼운 타인중심 비밀도 있다. 혹시라도 어린이 독자가 있다면 다음 문장은 읽지 않기를 권한다. 세계 최대의 타인중심 비밀은 바로 산타클로스다. 세계에서 두 번째로 큰 타인중심 비밀은 아마 부활절 토끼 이야기일 것이다. 혹시 이 부분까지 읽은 어린 독자가 있다면, 이제 세계 최대 비밀의 일부가 되었다는 점을 명심하고, 친구들의 꿈과 희망을 망치지 않도록 어른들과 함께 비밀을 지켜주자.

타인중심 비밀로는 아래와 같은 예가 있다.

- 자녀의 탄생이 계획에 없던 '사고'였다는 사실
- 타인에게 알려지면 치명적일 수 있는 친구의 비밀을 지켜주는 행위
- 깜짝 파티, 선물, 시상
- 선물을 할 때 받는 이가 당황하거나 불편해하지 않도록 선물 가격을 숨기는 행위
- 군인이나 경찰이 배우자의 걱정을 덜기 위해 임무의 위험성을

알리지 않는 행위

- 고객 명단, 고객의 정보를 보호하기 위하여 상세 내용은 비밀에 부치는 행위
- 연구자들이 연구 후원사를 위하여 상품 연구 결과 등을 기밀로 유지하는 행위
- 의사의 환자 비밀 보호, 변호사의 의뢰인 비밀 보호
- 경찰이 정보원이나 신고자의 안전을 위하여 신원을 보호하는 행위
- 기자들이 정보 제공원을 보호하고 익명성을 보장하는 행위

사람들이
비밀을 지키는
이유

우리의 직업, 가족 상황, 그리고 환경에 따라 정보를 알아내야 할 대상이 달라지며, 상대는 어린아이에서부터 성인에 이르기까지 다양할 것이다. 정보유도 시 어린이에게 효과적인 기술과 어른에게 효과적인 기술은 다르다. 그러므로 상대의 나이에 구애받지 않고 성공하려면 삶의 각 단계에서 비밀이 어떤 역할을 하며 무슨 차이가 있는지 명확하게 이해하는 것이 중요하다.

● 아동기의 비밀

아동은 끊임없는 발달 과정을 거치며 성장하는데, 비밀에 관해서는 크게 두 단계로 나눠볼 수 있다. 첫 번째 단계는 12세 이전의 시기로, 이 시기에는 두 번에 걸친 큰 변화가 나타난다. 두 번째 시기는 청소년기다. 아동은 이 두 시기를 거치며 '개인화'된다. 타인과의 경계를 설정하고, 독립적이고 개별적인 개인으로서 성장하는 것이다.

첫 번째 단계에 나타나는 두 번의 변화 중 첫 번째는 비교적 이른 나이에 나타나기 시작하여 세 살에서 다섯 살 사이에 완료된다. 유아는 이 시기를 거치며 비밀이라는 것을 이해하고 제한적으로나마 이를 지킬 수 있게 된다. 그러다 다섯 살 즈음이 되면 비밀을 지킨다는 것이 무엇인지 완전히 이해할 수 있게 된다. 이 단계에 도달한 유아는 어떤 사실에 대하여 자신은 알지만, 타인은 모르는 것이 가능하다는 점과, 이를 통하여 타인의 감정이나 사실에 대한 이해를 조종할 수 있다는 점을 깨닫기 시작한다. 즉 거짓말하는 법을 배우고 비밀을 만들기 시작하는 것이다.

그러나 이 시기의 아이들은 거짓말에도, 비밀을 지키는 데에도 능숙하지 않아 번번이 실패한다. 실제로 네 살배기가 거짓말을 하거나 비밀을 만들어봤자 대부분 얼마 지나지 않아 부모에게 들통나고 만다. 다만 이런 경우 아이의 거짓말이나 비밀을 비난하기 전에 기억해야 할 것이 있다. 이것 또한 우리 모두가 자라면서 거친 발달 과정이며, 독립적인 인격체로 성장하는 데 필요한 단계라는 점이다.

그렇다면 아이들이 주로 숨기는 비밀과 그 이유는 무엇일까? 아동의 발달과 함께 변화하는 비밀의 성격을 관찰하기 위하여 초등학교 3학년, 5학년, 중학교 1학년 총 180명의 학생을 대상으로 연구가 진행되었다. 이 연구 결과에 따르면 어렸을 때에는 주로 뭔가를 소유하기 위하여 비밀을 만드는 반면, 자랄수록 수치심이나 처벌을 피하려고 비밀을 만드는 경향이 있다. 이는 아동의 사회적 인식이 발달하면서 비밀 정보가 밝혀질 경우 타인과의 관계에 영향을 줄 수 있다는 점을 깨닫게 되기 때문이다. 간단히 말해, 어린아이들은 물건을 소유하는 데에 집중하기 때문에 이를 소유하고 지키기 위하여 비밀을 숨긴다. 자기 물건이나 장난감을 다른 아이와 같이 쓰라고 했을 때에 언짢아하거나 (집이 떠나갈 정도로) 불만을 표하는 모습을 보면, 소유에 대한 아이들의 집착을 알 수 있다.

아이들은 아홉 살에서 열두 살 정도가 되면 사회의 기대나 주변 사람들(주로 부모나 친구)의 기대를 명확하게 이해한다. 이와 동시에 상대가 받아들이지 않을 것 같은 모습을 숨기거나 창피함, 처벌 등을 피하려고 정보를 숨기기 시작한다. 이 시기의 아이들은 주로 동성 친구를 사귀고, 이 친구들이 사회적 관계의 대부분을 차지한다. 대부분의 아이들은 '이성'의 친구를 싫어하거나 경멸하고, 가끔은 적극적으로 괴롭히기도 한다. 남자아이들은 "여자애들은 재수 없어"라며 여자아이들을 놀리고, 여자아이들도 질세라 "남자애들은 냄새나"라고 맞받아친다.

애꿎게도 '적군'에 대한 호기심이나 짝사랑이 처음 시작되는 것도 바로 이 시기다. 심지어 몰래 쪽지를 건네거나 방과 후 따로 만나서 대화를 나누고 이메일을 주고받는 등 '비밀' 관계를 시작하는 경우도 있다. 단, 이러한 경우에도 아이들은 친구들에게 놀림을 받거나 거부당할지도 모른다는 두려움 때문에 모든 것을 비밀에 부친다. 주변 사람들과의 관계를 유지하기 위하여 어떤 정보를 공개

아이들은 아홉 살에서 열두 살 정도가 되면 사회
의 기대나 주변 사람들의 기대를 명확하게 이해
한다. 이와 동시에 상대가 받아들이지 않을 것 같
은 모습을 숨기거나 창피함, 처벌 등을 피하려고
비밀을 만들기 시작한다.

하고 어떤 정보를 숨겨야 할지 깨닫기 시작하는 것이다. 가끔 이러한 비밀을 부모에게 털어놓고 조언을 구하는 경우도 있지만, 대부분은 창피함이나 비난, 처벌에 대한 두려움 때문에 친구를 비롯한 주변 사람들에게 비밀로 한다.

그러다 이성 친구와의 관계나 짝사랑을 들키게 되면 친구들은 "제프리한테 여자 친구 생겼대요", "케빈이랑 수랑 결혼한대요"라고 학교가 떠나가라 놀려댄다. 이런 놀림을 받은 아이들은 절대 그렇지 않다고 완강히 부정하며, (슬프게도) 이성 친구와의 관계는 그것으로 끝이 난다. 비밀이 드러난 후 시작되는 친구들의 놀림과 사회적 불인정은 아이들이 견디기엔 너무나 가혹하기 때문이다.

요약하자면, 비밀을 이해하고 지키는 능력을 기준으로 보았을 때 유아는 세 살에서 다섯 살 사이에 중대한 발달 과정을 경험한다. 이 시기의 유아가 비밀을 만드는 주된 목적은 물건의 소유 혹은 소유물의 보호다. 이 시기에는 비밀이 밝혀질 경우에 나타날 수 있는 사회적 결과에 대한 인식이 거의 없다. 반면 이 시기가 지나면 아이들은 사회적 기대와 관계를 염두에 둔 비밀을 만들기 시작한다. 수치심이나 불인정, 처벌 등을 불러올 수 있는 정보나 행동을 숨기는 것이다.

● 청소년기의 비밀

유년기를 벗어나 성인이 되어가는 청소년기에는 '개인화'의 두 번째 단계가 나타난다. 이 시기의 자녀는 부모의 인정에 의존하기보다는 친구들 사이에서, 혹은 소셜네트워크상에서 인정받으려는 욕구가 강해진다. 물론 부모가 덜 중요해지는 것은 아니지만, 감정적인 독립성이 강해지는 것이다.

청소년기에 접어든 자녀들은 부모가 전능한 존재가 아님을 깨닫고 대들기 시작한다. 십 대 자녀를 둔 부모라면 이 말에 전적으로 동의할 것이다. 십 대 자녀들은 점차 부모에게 말하지 않는 비밀을 늘려가고, 비밀을 지키는 능력 또한 성장한다. 이는 부모로부터 감정적인 독립을 이루기 위한 하나의 방편이다.

청소년기의 아이들은 부모뿐 아니라 다른 사람에게 거짓말을 하거나 정보를 감추는 데에도 점차 능숙해지며, 자신의 목적에 맞게 정보를 조작하는 법 또한 배우게 된다. 타인에게 비치는 자신의 이미지나 타인의 인식을 원하는 대로 조종하기 위하여 정보를 선별적으로 공개하거나 조금씩 고치기도 한다. 십 대 청소년의 페이스북 페이지에 들어가서 잠시만 살펴보면 이게 무슨 말인지 쉽게 이해할 수 있을 것이다. 이들은 자신의 소셜네트워크 페이지를 보는 상대가 특정한 인식을 하도록 자신이 보여주고 싶은 정보(혹은 사진)만을 공개하고 나머지는 비밀에 부친다.

그렇다고 우리가 이들에게 손가락질하며 거짓말쟁이라고 비난

할 수 있을까? 사실 이와 같은 모습은 성인에게서도 찾을 수 있다. 양심에 손을 얹고 생각해보라. 어른들 또한 적어도 가끔은 상대에게 보이는 자신의 모습을 조작하기 위하여 불리한 정보는 숨기고 유리한 정보만 공개하지 않던가. 이런 일은 첫 데이트, 면접, 파티, 회의, 학부모 모임, 형제자매와의 대화 등 무수한 경우에 나타나며, 인간이라면 누구나 하는 정상적이고 이해 가능한 행동으로 볼 수 있다.

요컨대 청소년기의 자녀가 부모가 모르는 비밀을 가지는 것은 자연스럽고 필연적인 행동이다. 하지만 이것이 과연 권장할 만한 건강한 행동일까? 청소년 1,200명을 대상으로 부모에게 비밀을 숨기는 행위의 장단점에 대해 광범위한 조사를 시행한 결과, 너무 많은 것을 비밀로 할 경우 해가 될 수도 있다는 사실이 밝혀졌다. 이러한 행위는 심리에 악영향을 주어 자존감 저하, 우울감, 스트레스 등으로 이어질 수 있기 때문이다. 또한, 부모에게 숨기는 것이 많은 경우, 공격성과 비행 가능성도 증가하는 것으로 드러났다.

이렇듯 십 대 청소년들이 지나치게 심각하거나 많은 비밀을 숨기면, 그 부담 때문에 육체적, 정신적으로 악영향을 받게 된다. 청소년기의 비밀이 부모로부터 감정적으로 독립하는 데 도움이 되긴 하지만, 이러한 독립성이 너무 이른 시기에 형성되면 문제가 발생할 수 있다. 아이가 어른의 도움이나 조언이 필요한 심각한 문제나 상황을 혼자 해결하려고 할 가능성이 있기 때문이다. 이렇게 되면 아이는 점점 더 고립될 위험이 있다. 이러한 위험성을 고려하면, 부

십 대 청소년들이 지나치게 심각하거나 많은 비밀을
숨기면, 그 부담 때문에 육체적, 정신적으로 악영향을
받게 된다. 청소년기의 비밀이 부모로부터 감정적으
로 독립하는 데 도움이 되긴 하지만, 이러한 독립성이
너무 이른 시기에 형성되면 문제가 발생할 수 있다.

모가 적어도 어느 정도까지는 청소년기에 막 접어든 어린 자녀의 비밀에 접근할 수 있어야 한다. 이 책에 소개된 정보유도법을 적절히 활용한다면 자녀에게 간섭한다는 느낌을 주지 않으면서도 대화 중 자연스럽게 필요한 정보를 얻어낼 수 있을 것이다.

● 성인들의 비밀

지금까지는 아동과 청소년의 발달 과정에서 비밀이 어떤 역할을 하는지 살펴보았다. 앞서 소개한 바와 같이 아동기와 청소년기에 비밀을 만드는 것은 자연스러운 발달 과정이다. 그러나 그 비밀이 어린아이와 청소년에게 버거운 짐이 되어 부정적인 영향을 주기도 한다. 그렇다면 발달을 마치고 청소년기를 벗어나 성인기로 접어든 이후에는 비밀의 부정적인 영향이 줄어드는 걸까? 안타깝게도 그렇지 않다. 심각한 비밀이 우리에게 줄 수 있는 악영향은 청소년기에나 성인이 된 후에나 비슷한 것으로 밝혀졌다.

그렇다면 성인들은 주로 어떤 것들을 비밀로 할까? 성인들의 비밀에 특정한 주제나 공통점이 존재하는지 알아보고자 다양한 연구가 진행되었는데, 대부분의 연구에서 성에 관련된 비밀이 가장 높게 나타났고, 정신 질환 등의 개인적인 약점이나 실패에 관련된 비밀이 뒤를 이었다. 여기서 성에 관련된 비밀은 직접적인 성행위 자체에 대한 것만은 아니며 성적 판타지, 성적 불능, 성병, 혼외 출생, 낙태 등도 포함된다. 다음은 연구 참가자들이 자발적으로 털어 놓은 성 관련 비밀 중 일부다.

- "아내와는 14년을 함께했고 아이들도 있습니다. 하지만 차마 제가 복장 도착자라는 말은 하지 못했습니다."
- "저는 유부녀인데 (성적인 접촉은 없었지만) 가톨릭 사제와 부적절한 관계를 맺고 있습니다."
- "12년째 행복한 결혼생활을 누리고 있습니다. 그런데 몇 년 전 낯선 이와 하룻밤을 보냈어요. 제 행동이 후회스럽지만 죽을 때까지 짊어지고 가야 할 부끄러운 비밀이겠죠."

실패 관련 비밀은 경제적, 종교적, 신체적, 사회적, 지적 측면을 포함한 인생의 다양한 부분에서 스스로 실패했다 생각하는 일을 숨기는 것이다. 최근 진행된 한 연구에서는 흡연 여성의 임신 중 금연 실패에 대한 내용을 다뤘다. 이 연구에서 34%의 응답자가 임신 중에는 담배를 피우지 않았다고 답했는데, 소변 검사 결과 거짓으로 드러났다. 즉, 실패 관련 비밀이 드러난 것이다. 이들이 흡연 사실을 숨긴 이유는 부끄러움과 주변의 부정적인 인식에 대한 두려움 때문이었다. 그 밖에 실패 관련 비밀로는 아래와 같은 예가 있다.

- "저는 고급 차를 타고 세련된 옷을 입어요. 겉으로는 성공한

것처럼 보이지만 사실 신용카드 빚이 어마어마해요. 전 경제적으로 실패자예요. 하지만 실상을 아는 것은 은행뿐이죠."

- "저는 회사 관리직에 있고, 저보다 교육 수준이 높은 부하 직원들을 거느리고 있어요. 사람들은 당연히 제가 대학을 나왔을 거라고 생각하지만, 사실 고등학교도 졸업하지 못했어요."
- "제 가족은 제가 교회에 성실하게 다니는 줄 알지만, 사실 1년 넘게 가지 않았어요."

'가면 쓰기masking' 또한 성인에게서 자주 나타나는 비밀의 한 형태인데, 말 그대로 진실에 가면을 씌워 가짜 외양을 내보임으로써 비밀을 지키는 것이다. 그 예로는 아래와 같은 것들이 있다.

- "전 사실 부끄럼을 많이 타는데 사람들에게 들키기 싫어서 안 그런 척 연기해요."
- "저는 사실 쉽게 불안해하고 걱정이 많은 편이에요. 그런데 이런 면을 잘 숨기다 보니 사람들은 제가 든든하다며 문제가 있을 때마다 절 찾아와서 답을 구해요. 조언을 할 때마다 제 능력이 부족할까 봐 불안하지만, 제가 가면을 벗으면 사람들이 영원히 멀어질까 봐 두려워요."
- "저는 극심한 우울증을 겪고 있지만, 직장에서는 항상 쾌활하게 굴어요. 제 감정을 숨기려고 일부러 더 밝은 척하고 농담을 하죠. 제 진짜 감정은 아무도 몰라요."

비밀은 인간 발달 과정의 자연스러운 일부지만, 그 특성은 생애 단계별로 변화한다. 너무 심각하거나 많은 비밀은 어린이나 청소년뿐 아니라 성인에게도 정신적 부담과 타격을 준다. 만약 혼자 감당하기 어려운 비밀을 품고 힘들어하는 상대를 만나게 된다면 이 책에 소개된 정보유도 기술을 활용하여 이들을 도울 수 있을 것이다.

● 가족의 비밀

이제부터는 가족 내의 비밀에 대해서 살펴보고, 이러한 비밀이 가족에 미치는 영향을 알아보자. 사람들은 으레 가족의 형태에 따라 비밀의 종류나 그 영향이 다를 것이라고 생각한다. 물론 부부와 아이로 구성된 전통적인 가정과 한 부모 가정, 입양 가정이나 재혼 가정에는 각각의 비밀이 존재할 것이다. 그러나 연구 결과에 따르면 가족 형태를 막론하고 비밀의 개수나 주제, 목적에 공통점이 있는 것으로 드러났다. 한 연구에서는 응답자의 무려 99%가 가족 구성원 중 한 명 이상에게 적어도 하나의 비밀을 숨기고 있다고 답했다. 사실 가족의 다른 구성원을 상대로 비밀을 만드는 것은 매우 흔한 일이다. 사람들은 대부분 사생활을 보호하거나 가족에게 인정받고 자신의 독립성을 지키기 위하여 모든 것을 털어놓지는 않는다.

대부분의 가족에게는 자기들끼리만 통하는 우스갯소리나 이야기 같은 것들이 있다. 이러한 이야기는 가족 구성원의 소속감과 친밀감을 높여준다. 개중에는 경제적인 어려움으로 휴가를 가지 못한 이야기나 부모의 실직 같은 껄끄러운 주제가 있을 수도 있지만, 이는 어느 가족에게나 일어나는 평범한 일이다. 우리는 이런 이야기를 '가족의 비밀'이라고 하지 않으며 부모들 또한 자녀들이 알까봐 쉬쉬하지는 않는다.

그렇다면 '가족의 비밀'이란 무엇일까? 이는 일상적인 상황을 벗어난 비밀을 뜻한다. 예를 들면 다음과 같은 것들이 '가족의 비밀'에 속한다.

- 부모가 처방약이나 알코올, 마약에 중독된 경우
- 비극적인 사건
- 정신 장애 혹은 질환
- 낙태
- 입양
- 근친상간
- 에이즈 감염
- 동성애
- 소아성애
- 섭식 장애
- 부모 혹은 배우자의 학대

이러한 엄청난 '가족 비밀'은 구성원을 심리적으로 강하게 엮는다. 그 결과 집 밖에서는 물론이고 때로는 집 안에서조차 아무도 비밀을 발설하지 못하게 되는 것이다. 물론 같은 사건이나 사실에 대해서도 가족에 따라 다른 대응을 보인다. 문제가 생기면 터놓고 얘기하며 외부의 도움을 구하는 가족이 있는가 하면 자신들만의 비밀로 덮으려는 가족도 있다. 한 가족 내에서도 일부만 공유하고 다른 가족에겐 알리지 않으려 하는 경우도 있다.

또한 비밀을 절대 발설하지 말자는 규칙을 명시적으로 정하는 가족이 있는가 하면, 따로 그러한 규칙을 정하지 않았는데도 가족에 대한 충성심이나 죄책감 때문에 비밀을 지키는 가족도 있다. 비밀을 발설하면 가족에 누가 되거나 문제를 더 키우게 된다는 생각에서다. 이러한 비밀은 겉으로 드러난 규칙의 유무에 상관없이, 외부의 도움이 필요한 경우에도 이를 막는 결과를 초래할 수 있다. 가령 의학적인 도움이나 사회적인 지원, 경찰이나 사법 전문가의 개입을 방해하게 되는 것이다. 이런 경우, 가까운 가족이나 친지, 혹은 전문가가 정보유도 기술을 활용할 수 있다면 숨은 정보를 밝혀내고 도움을 줄 수 있을 것이다.

다음에 소개할 사례는 가족 비밀이 얼마나 강한 구속력을 발휘하는지, 그리고 비밀을 제대로 관리하지 못할 경우, 후대에 미치는 영향이 얼마나 치명적일 수 있는지를 잘 보여준다. 이 사건은 2012년에 필자에게 신고된 사건이며, 관련 인물들을 보호하기 위하여 가명을 사용했다.

비슷한 나이의 두 아들인, 존과 피터(가명)를 키우는 한 부부가
있었다. 존은 별다를 것 없이 성장해갔지만 피터는 동성애적인
성향을 보였고, 청소년기에 다다르자 어린 소년들에 대한 성적
관심을 드러내기 시작했다.[*] 피터는 열다섯 살부터 열여덟 살까
지의 몇 년간 어린 소년들을 수차례나 건드렸고, 이 때문에 피터
의 부모는 몇 번이나 주변의 항의를 받았다.

그러나 무슨 연유인지 단 한 번도 경찰 조사가 이루어지지 않았
고, 아무런 조치도 없었다. 유명한 변호사인 존의 아버지와 어머
니는 이 사안을 당국과 논의하지도 않았고, 집안에서도 쉬쉬하
며 덮으려고만 했다. 존은 이 모든 사건을 알고 있었고 피터의
잘못도 알고 있었지만, 이 모든 비밀을 지켜야 한다는 강한 의
무감을 느꼈다. 바로 부모님이 그렇게 하고 있었기 때문이다. 존
은 피터의 '문제'를 발설하지 않는 것이 '암묵적인 가족의 기대'
라고 느꼈다.

세월이 흘러 존은 결혼을 하고 아들을 낳았지만, 피터의 소아성
애 경향을 아내에게 알리지 않았다. 존 부부는 외출할 일이 있을
때 피터에게 아들을 맡기곤 했는데, 결국 이 아이가 피터에게 추

---

[*] 동성애와 소아성애 사이에 직접적인 연관이 있다는 추론은 올바르지 않다. 단지,
신고가 들어온 이 사례 속의 인물에게 두 성향이 함께 존재했던 것이다.

행을 당하면서 진실이 밝혀지게 됐다. 그제야 존은 피터가 소아 성애자라는 가족 비밀을 아내에게 털어놓았다. 아내는 아들을 보호하기 위하여 당연히 알아야 했을 비밀을 남편이 숨겨왔다는 사실에 분노와 경악을 금치 못했다. 결국, 사건이 있고 나서 얼마 되지 않아 이들의 결혼 생활 또한 파탄이 났다.

위의 예는 끔찍한 가족 비밀이 구성원을 얼마나 강력하게 구속하는지 잘 보여준다. 그 구속력은 비밀 주체 자신이 이룬 결혼 생활의 신뢰를 깨고 자녀의 안전까지 위협할 정도로 강력하다. 가족 비밀 중에는 이렇게 끔찍하고 위험한 것들도 있다. 이 경우 (존처럼) 그 비밀을 알게 되는 아이들은 입을 꾹 다물고 무거운 짐을 짊어져야만 하고, 비밀을 눈치채지 못한 아이들은 이를 아는 다른 구성원으로부터 고립될 수밖에 없다.

이 책의 3, 4장에 소개할 정보유도법을 적절히 활용한다면 가족 비밀이라는 무거운 짐을 지고 힘들어하는 이들에게 큰 도움을 줄 수 있을 것이다.

● 직장에서의 비밀

그럼 이제 직장에서의 비밀에 대하여 알아보자. 우선 기업이나 경영진이 비밀을 만드는 이유에 대하여 살펴본 후, 고객이나 환자들이 자신을 도우려는 사람들에게 필요한 정보를 비밀로 하려 하는 이유를 살펴보기로 하자.

우리가 진심을 다해 도우려는 고객이나 환자가 무엇 때문에 비밀을 만드는지 그 이유를 이해한다면 정보유도법을 활용하여 필요한 정보를 얻어낼 수 있을 것이고, 결과적으로 이들에게 더 나은 서비스를 제공하게 될 것이다. 마찬가지로, 회사에서 경영진이 우리에게 비밀로 하는 사항들이 있다면, 그 비밀의 이유를 파악하고 숨은 정보를 밝혀냄으로써 우리 자신의 이익과 일자리를 더욱 잘 지켜낼 수 있을 것이다.

기업과 경영진의 비밀

21세기 기업에는 기술적 발전, 소프트웨어, 정교한 디자인, 혁신 등 외부에 유출되어서는 안 될 민감한 정보가 다수 존재한다. 뒤처져 있던 기업도 경쟁사의 숨은 정보를 입수하면 금세 경쟁에서 우위를 점하기도 한다. 그렇기 때문에 기업들은 타사가 노리는 고객 명단, 영업 방식, 직원 정보 등을 보호하려 한다. 공공 부문에서도 민간 부문에서도 모두 자신의 비밀을 보호하고 타인의 비밀을 알아내는 데에 열을 올리고 있다.

물론 이러한 정보를 훔치는 것은 당연히 불법이다. 대부분의 기업은 직원의 정보 도난과 전파를 막기 위한 인터넷 보호 장치나, 문서 추적 및 이메일 감시 시스템을 갖추고 있다. 이렇게 하면 정보에 대한 불법적인 접근이나 유포가 발생했을 때에 수사의 범위를 좁힐 수 있다. 오늘날에는 기업의 중요 정보가 데이터의 형태로 저장되는 경우가 많고, 정보의 도난이나 유출 또한 클릭 몇 번이면 이루어질 수 있기 때문에 이러한 조치가 매우 중요하다.

일부 기업들은 이러한 기본적인 조치 외에 컴퓨터 로그인 시 메시지 창을 띄워 민감한 정보의 유출에 주의하게 하거나 기본적인 원칙을 상기시키기도 하고, 비밀보호 서약서를 작성하게 하기도 한다. 만약 개인이 기밀 정보를 유출할 경우, 기업은 그를 상대로 민사 손해배상 청구를 할 수 있다. 그러나 일단 기밀이 대중에 공개되고 나면 손해배상을 받아봤자 무의미한 경우가 많다. 한 번 공개된 정보는 누구나 자유롭게 이용할 수 있어 다시 비밀로 되돌리는 것이 불가능하기 때문이다. 결국 기업은 경쟁에서 우위를 잃어버리고 다시는 회복할 수 없게 된다.

이러한 이유로 일부 선진 기업에서는 누군가 접근하여 은근슬쩍 정보를 캐내려 할 때에 직원들이 이를 알아챌 수 있도록 기본적인 정보유도 대응법을 교육한다. 점차 많은 기업들이 경쟁사의 민감한 정보를 빼내기 위하여 정보유도를 활용한다는 점을 고려하면, 이러한 조치의 필요성이 높아지는 것도 당연하다. 그렇다면 기업들이 경쟁사의 직원을 매수하여 정보를 빼돌리거나 기술을 활용하여 민감한 정보를 훔치는 대신 정보유도라는 방법을 택하는 이유는 무엇일까? 매수나 도난은 범죄지만, 정보유도는 그렇지 않기 때문이다. 정보유도 전략을 적절히 활용하여 경쟁사 직원이 자발적으로 민감한 정보를 털어놓게 한다면, 이는 범죄라기보다 직원 개인의 판단착오로 말미암은 실수가 된다. (그러나 정보유도를 시도하기 전에는 반드시 법률적 자문을 구하고, 구체적인 상황과 정보의 유형을 제시한 후 관련법 위반 소지가 있는지를 확인하는 것이 좋다. 필자는 출처와 방식을 막론하고 민감한 정보의 불법적인 입수를 반대한다.)

모든 조직에는 소규모의 핵심 관리자 집단이 존재한다. 이러한 '핵심 그룹'은 조직의 가장 민감하고 중대한 비밀을 지키는 이들이다. 그러므로 어떤 기업이나 조직의 정보를 알아내고 싶다면 바로 이 핵심 그룹을 정보유도의 목표물로 삼아야 한다. 일부 사람들은 조직의 핵심 그룹에 속할 만한 사람이라면 정보유도법이 통하지 않을 거라 생각할지도 모른다. 그러나 3장에 소개될 '정보유도의 낚싯줄 던지기'를 살펴보면 이러한 조직의 고위 간부들에게 특히 잘 통하는 정보유도 전략을 배울 수 있다.

조직 상층부의 '정보 엘리트'들이 숨기려 하는 가장 민감한 정보 중 하나는 '인력 재설계', '조직 및 기능 재정비', '능률 점검', '구조 조정', '자발적 감축 조사'(종종 비자발적 감축으로 이어지기도 한다)의 이름으로 불리는 인사 관련 계획이다. 이러한 계획은 어떤 이름으로 불리든 결국 '해고'를 의미한다. 보통 인사 계획은 충동적인 결정으로 갑자기 진행되지 않으며 '핵심 그룹'이 직원들에게 발표하기 몇 주 전부터 문 닫힌 회의실 안에서 여러 사전 작업을 준비한다. 임원진은 이러한 과정을 가능한 한 오랫동안 비밀로 하고자 애쓴다. 그 이유는 다양하다.

첫 번째 이유는 우수한 직원의 이탈을 막기 위해서이다. 해고가 있을 것이라는 소식을 들은 직원들은 당연히 다른 직장을 알아볼 텐데, 우수한 직원들이 먼저 이직에 성공하게 될 경우 조직에는 꼭 필요하지 않은 직원들만 남게 된다.

둘째, 직원 감축 계획이 알려지면 불만을 품은 직원들이 태업에 들어가거나 고의적으로 업무를 방해하는 등 일종의 보복 행위를 시도할 가능성이 있다. 영국에서 진행된 한 설문 결과를 보면 기업의 이러한 두려움은 괜한 걱정이 아니다. 설문에 참여한 IT 관리자의 88%가 만약 자신이 해고 대상이 된다면 CEO의 비밀번호, 연구 개발 계획, 고객 데이터베이스 정보 등 기업 기밀을 빼돌릴 용의가 있다고 답한 바 있다. 사정이 이렇다 보니 기업의 고위 관리자들은 인력감축안 등의 비밀 정보 유출에 신경을 곤두세울 수밖에 없다.

우리에게 희소식이 있다면 이러한 계획이 발표되기 전에 몇 주간 논의를 거친다는 점이다. 따라서 이 책을 통하여 배울 정보유도 기술을 활용한다면, 관련 정보에 접근하여 우리 자신과 우리의 소중한 일자리를 보호할 수 있을 것이다. 즉 위기가 닥쳐올 것을 미리 알고 대비할 기회를 얻게 되는 것이다.

다른 첩보 기술과 마찬가지로, 직장에서 정보유도법을 활용하는 것이 정당한지는 판단하기 어렵다. 그러나 앞서 언급한 바와 같이, 이 책을 쓴 목적은 불법 행위에 도움을 주는 것도 아니고 상대의 비밀을 알아내는 기술을 언제 사용해야 할지에 대한 도덕적 잣대를 제공하는 것도 아니다. 이에 대한 판단은 다양한 상황에서 이러한 기술을 적용하게 될 독자의 몫이다. 어찌 됐든 타사의 중요 정보를 (합법적인 방법으로) 반드시 알아내야 할 상황이라면, 정보유도법이야말로 가장 가능성 있는 방법이 될 것이다.

고객의 비밀

우리가 의사, 변호사, 심리학자, 상담사 등의 전문가라고 가정해보자. 우리는 고객이 우리를 전적으로 신뢰하고 절대 비밀을 숨기지 않을 거라고 생각할 것이다. 어차피 우리의 주된 목적은 고객을 돕는 것이고, 고객의 비밀 정보를 지켜야 할 윤리적, 법적 책임도 있는데 무엇 때문에 굳이 거짓말을 하겠는가? 그러니 고객은 우리가 최선의 치료와 지원을 제공할 수 있도록 절대 거짓말을 하지 않으리라 믿을 것이다. 그런데 과연 실제로도 그럴까?

만약 필자의 전작 〈거짓말을 잡아라Lie Catcher〉를 읽은 독자가 있다면, 실제로는 많은 고객들이 거짓말을 하고 비밀을 숨기려 한다는 것을 이미 알고 있을 것이다. 이를 뒷받침하는 연구 또한 여러 가지가 있다. 그중 한 연구에 따르면 장기적인 상담 치료를 받는 환자들 중 거의 절반가량이 상담사에게 말하지 않는 비밀을 가지고 있다고 답했다. 마약 사용에 관한 한 연구 결과 또한 흥미롭다. 결과의 기밀성과 익명성을 서면으로 보장했음에도 추후 이루어진 모발 분석 검사에서 많은 응답자가 사용 정도를 축소해서 답했다는 사실이 드러난 것이다. 기밀성을 서면으로 보장했는데도 상황이 이랬다면, 서면 보장이 없는 경우에는 어떨지 의문이 들 수밖에 없다.

혹시 마약 사용이 범죄라서 더 많은 사람이 거짓으로 답한 것은 아닐까? 그런데 불법이 아닌 행위에 대해서도 비슷한 결과가 나왔다. 앞서 소개한 흡연 여성의 임신 중 흡연에 대한 연구가 이를 잘 보여준다. 이 연구에서는 34%의 응답자가 임신 중에는 담배를 피우지 않았다고 답했는데, 소변 검사 결과 거짓으로 드러났다. 이를 보면 고객이나 환자들이 불법적인 사실만 숨기는 것이 아님을 알 수 있다. 그렇다면 이들은 어째서 자신을 도우려는 전문가에게 거짓말을 하는 걸까?

아니타 켈리Anita Kelly는 상담사에게 비밀을 숨긴 다양한 환자들을 대상으로 연구를 진행했다. 연구 결과 응답자의 절반 이상이 감정 표현에 대한 두려움, 비밀을 드러내야 하는 수치심과 난처함, 치료에 진전이 없다는 사실을 상담사에게 알리는 것에 대한 거부감 등을 이유로 거짓말을 했다고 답했다. 전문가가 아무리 고객과 정직하고 열린 관계를 쌓고자 애쓴다고 하더라도 둘 사이에는 어쩔 수 없는 권력의 차이가 존재한다. 이 점을 고려하면, 고객이 비밀을 숨기는 행위도 이해할 만하다. 일부 고객은 자신이 도덕적, 윤리적으로 평가받는다는 느낌을 받을 수도 있기 때문이다.

피고가 자신의 변호사에게 과거의 전과를 숨기는 것은 그 좋은 예다. 이들은 과거 범죄 사실에 대한 수치심과 더불어 좀 더 변호할 '가치'가 있는 사람으로 보이고 싶은 마음에 이런 행동을 한다. 또한, 담배를 피우는 환자의 13%가 의사에게 흡연 사실을 비밀로 하는 것으로 드러났는데, 이들 중 3분의 2는 흡연에 대한 의사의 잔소리와 평가를 피하고자 거짓말을 한다고 답했다. 두 사례의 고객들 모두 변호사와 의사가 자신의 비밀을 보호할 의무가 있다는 점과, 자신이 비밀로 한 그 정보에 위법성이 없다는 점을 잘 알고 있었다. 더 중요한 것은, 이들이 전과나 흡연 사실을 숨기지 않고 솔직히 털어놓아야지만 더 좋은 변호와 치료를 받을 수 있다는 점을 알면서도 이러한 사실을 비밀에 부쳤다는 점이다.

고객이 필요한 정보를 털어놓지 않는데 의사나 변호사 등의 전문가들이 이들을 제대로 치료하고 변호하며 도움을 줄 수 있을까? 당연히 불가능하다. 따라서 이러한 정보를 유도해내야 하는데, 고객이나 환자가 비밀에 부친 정보를 유도하고자 할 때에는 정보의 기밀성이 법적으로 보장된다는 점을 분명히 설명해야 한다. 또 이것만으로는 부족하며, 이들이 털어놓은 비밀에 대하여 평가하거나 잔소리를 늘어놓지 않고, 치료와 지원에만 집중하겠다고 안심시켜야 한다. 이렇게 하면 고객이나 환자가 정보를 숨기는 가장 큰 이유를 해소할 수 있다. 더불어 이 책의 3, 4장에 소개될 정보유도 전략을 활용한다면 고객과 환자가 숨기려 하는 모든 정보에 접근하여 이들에게 필요한 도움을 더욱 잘 제공할 수 있을 것이다.

의사, 변호사, 상담사 등의 전문가가 아무리 고객과 정직하고 열린 관계를 쌓고자 애쓴다고 하더라도 이들의 사이에는 어쩔 수 없는 권력의 차이가 존재한다. 일부 고객은 자신이 도덕적, 윤리적으로 평가받는다는 느낌을 받을 수도 있기 때문이다. 피고가 자신의 변호사에게 과거의 전과를 숨기는 것은 그 좋은 예다.

비밀의
효과와 영향

● 비밀의 유혹과 비밀 관계

사람들은 다른 이들이 모르는 비밀 관계에 묘한 끌림을 느끼게 되는데, 이러한 감정을 잘 이해할 수만 있다면 처음 만난 사람과도 신속하게 친밀감을 형성하고, 직장이나 일상생활에서의 인간관계 또한 개선이 가능하다.

그런데 우리가 비밀 관계에 느끼는 매력에 대하여 이야기하기 전에 우선 알아야 할 것이 있다. 과연 '비밀 관계'란 무엇일까? 비밀 관계란 '비밀이 있는 관계'일 수도 있고 '남들에게 비밀로 하는' 관계일 수도 있다. 예를 들어, 직장 상사와 비서 간의 외도는 비밀 관계다. 직장에서 이들의 관계는 겉으로는 업무적이고 정신적인 것으로 보이지만, 그 이면에는 성적 관계가 있다. 이들은 의도적으로 자신들의 비밀 관계를 숨기기 때문에 사무실의 다른 직원들은 아무도 둘의 진짜 관계를 모른다. 이는 발각될 경우 다른 직원들이 상처를 받거나 불쾌해 할 것이고, 당사자들에게도 치명적인 타격을 줄 수 있기 때문이다.

비밀 관계는 경쟁사에 다니는 직원들 사이에도 존재할 수 있다. 가령 우정 관계인 이들이 각자의 회사에 대한 내부 정보를 공유할 수도 있다. 이들 역시 각자의 회사가 이를 금지하고 있음을 알기 때문에 자신들의 관계를 비밀로 할 것이다.

남모르는 짝사랑 같은 '일방적인' 관계 또한 비밀 관계에 속한다. 이러한 비밀 관계는 다양한 형태로 나타나서, 우리의 감정을 전혀 눈치채지 못하는 상대에 대한 순수한 짝사랑이 있는가 하면, 스토킹같이 위험한 행동도 포함될 수 있다.

어떤 관계가 '비밀 관계'인지 여부를 알 수 있는 가장 좋은 지표는 당사자들이 그 관계의 존재를 인정하는가 그렇지 않은가이다. 만약 당사자 중 한 명, 혹은 두 명 모두가 관계의 존재를 부정하려고 거짓말을 한다면 그 관계는 분명 비밀 관계라고 볼 수 있다. 이 책에서는 '비밀 관계'를 다음과 같이 간단히 정의하겠다. '비밀 관계'는 당사자 중 한 명 혹은 양쪽 모두가 그 관계 자체를 비밀로 하거나, 그 관계 내에서 공유한 정보를 비밀로 할 때에 발생한다.

비밀이 관계에 미치는 영향은 매우 복잡하고 여전히 많은 부분이 심리학적으로 밝혀지지 않았지만, 비밀이 매력을 증폭시킨다는 점만은 분명하다. 다시 말해, 비밀 관계의 당사자들은 그 관계에 대하여 이성적으로 이해하기 어려울 정도로 큰 매력을 느낀다.

이는 연구를 통해서도 밝혀졌다. 이 연구에서는 참가자를 두 무리로 나누어 이성 대상을 끊임없이 감시하는 임무를 주었다. 첫 번째 집단에는 대상자도 이미 감시 사실을 알고 있으니 비밀스럽게 행동할 필요가 없다고 했고, 두 번째 집단에는 대상자가 감시 사실을 모르니 들키지 않도록 은밀히 미행하라고 지시했다. 연구 결과, 두 집단 중 대상자를 은밀하게 감시한 집단이 그렇지 않은 집단에 비해 대상자에게 더 큰 매력을 느꼈다.

실제 감시 임무에 투입된 요원이 유사한 현상을 보였던 예가 있다. 호주에서 코카인, LSD, 슈도에페드린 등 약물을 밀수하는 범죄 조직에 대한 수사가 벌어졌을 때의 일이다. 당시 조직의 활동이 워낙 교묘하고 끈질기게 이루어진 터라 12개월 이상 지속된 대대적인 감시 작전을 펼쳐야 했다.

비밀요원들은 감시 작전이 이루어지는 동안 주요 인물들의 대화나 전화 통화를 도청하고, 이들을 미행하거나 사진과 동영상을 통하여 모든 활동을 기록했다. 자연히 용의자의 모든 생활을 들여다보는 관찰자가 되다시피 했는데 이러한 감시 작전이 한 요원에게 심리적인 영향을 주었다. 이 요원이 자신이 관찰하던 용의자에게 빠져들고 말았던 것이다. 결국 둘은 육체적인 관계까지 가지게 되었다. 물론 이 요원이 저지른 짓은 매우 위험하고 부적절한 일이지만, 비밀 관계가 우리를 얼마나 강하게 끌어당기는지 보여주는 좋은 예다.

물론 비밀 관계가 반드시 육체적 이끌림으로 이어지는 건 아니지만, 심리적 감정적 이끌림을 느끼게 하는 것은 사실이다. 관련 내용은 추후에 살펴보겠지만, 비밀 주체는 주로 자신이 '좋아하는'

사람에게 비밀을 털어놓는다. 만약 비밀 관계의 특성을 잘 활용한다면 상대가 우리를 '좋아하게' 만들 수도 있다. 이러한 전략은 연애나 결혼, 직장생활에서뿐 아니라 상대가 숨긴 정보에 접근하는데에도 충분히 활용할 수 있다.

예를 들어 경쟁사의 내부 정보를 알아내고 싶어 하는 사람이 있다고 치자. 이 사람은 경쟁사의 직원에게 접근하여 대화를 나누다가 슬쩍 이렇게 말한다.

"우리 사이에만 하는 말인데, 저희 회사 영업이 34%나 하락했어요. 다들 쉬쉬하고 있지만, 어서 조처하지 않으면 아마 큰일 날 거에요. 제가 이런 말씀드렸다고 어디 가서 말하지 마세요. 그쪽 회사는 형편이 좀 괜찮죠?"

이 말을 들은 상대가 비슷한 '내부' 정보를 공유한다면 이들 사이에는 비밀 관계가 형성된다. 누군가 물으면 존재를 부정할 관계말이다.

연구에 따르면 상대와의 친밀감을 형성하는 데에 비밀의 내용이 무엇인지는 크게 중요하지 않다. 친밀감은 비밀의 내용보다는 비밀을 나누는 행위 자체로 말미암아 형성되기 때문이다. 이 분야에 대하여 상당한 연구를 진행한 다니엘 웽거Daniel Wenger는 비밀 관계가 가져오는 이끌림을 다음과 같은 말로 가장 잘 설명했다.

"비밀을 나누는 행위는 강력한 사회적 유대감을 불러일으키고,
이는 비밀을 나누는 대상에 대한 이끌림과 몰입으로 이어진다."

비밀 관계는 낯선 이들을 가깝게 만들 수도 있다. 이러한 친밀감은 비밀을 나눈 관계가 아니라면 쉽게 쌓기 어려운 것이다. 단 주의할 점이 있는데 비밀 관계의 부작용으로 상대에 대한 집착이 나타날 수 있다는 것이다.

상대의 비밀에 접근하려면 비밀 관계의 특성을 우리에게 유리한 방향으로 활용할 줄 알아야 한다. 먼저 우리의 비밀을 털어놓음으로써 상대의 호감을 높이고, 비밀을 털어놓고 싶은 충동을 끌어올려야 한다. 단, 이러한 전략은 적정선을 지키며 활용해야 하는데 잘못했다가는 상대가 우리에게 강박과 집착을 보일 수 있기 때문이다. 그 이유가 궁금하다면 영화 〈위험한 정사Fatal Attraction〉를 한 번 감상해보기를 권한다.

한 형제가 등장하는 러시아의 전래동화 또한 비밀 관계로 말미암아 나타날 수 있는 강박을 잘 보여준다. 어느 날 형이 자기 동생에게 아무 생각이나 해도 좋으니 절대로 흰곰만은 생각하지 말고 방 한쪽에 앉아있으라고 했다. 동생은 흰곰을 떠올리지 않으려고 애썼지만 그럴수록 그 생각은 점점 강해졌다. 결국 동생의 머릿속은 온통 흰곰에 대한 생각으로 가득 차버렸다.

필자 또한 이러한 '흰곰' 현상에 취약한 터라 동화 속 동생의 심정을 충분히 이해할 수 있다. 혹시 독자들 중에도 그런 사람이 있을지 모르겠는데, 필자는 조용히 있어야 하는 상황에서 누군가가 "이 말 듣고 웃으면 안 돼. 사실은…"이라고 말하기만 하면 곧바로 자제력을 잃는다. 엘리베이터에서도, 연설이나 강연에서도, 심지어 어린 시절 학교 조회 시간에도 그 말을 듣는 순간 입가에는 벌써 웃음이 떠올랐다. 일단 웃기 시작하면 무슨 얘기인지는 더 이상 중요하지 않다. 웃지 않으려고 애쓸수록 웃음은 더욱 크게 터져 나온다. 성인이 되고 나서도 이런 식으로 웃음이 터지는 바람에 '점잖은 자리'에서 양해를 구하고 밖으로 나왔던 적이 몇 번 있다. 정작 상대가 하려고 했던 우스운 말은 듣지도 못한 채로 말이다. 웃지 않으려 애쓸수록 웃음은 점점 더 참기 어려워진다. 이것이 필자가 경험한 '흰곰' 현상이다.

다니엘 웽거는 실제로 이 '흰곰' 현상에 대한 실험을 진행한 적이 있다. 그는 실험 참가자들에게 녹음기를 주고, 혼자 빈방에 들어가 5분 동안 마음속에 떠오르는 모든 것을 녹음하라고 했다. 그는 참가자를 두 집단으로 나누어, 한 집단에는 '흰곰'을 떠올려도 상관없다고 말했고, 다른 집단에는 '흰곰'에 대해서 생각하지 말라고 말했다. 참가자가 들어가는 방 안에는 벨을 설치해놓고, 흰곰이 떠오를 때마다 벨을 누르라고 했다. 실험 결과, 흰곰에 대한 생각을 금지했던 집단이 이를 허용했던 집단에 비하여 벨을 더 자주 누른 것으로 밝혀졌다.

다시 두 집단의 역할을 바꾸자 더욱 흥미로운 결과가 나타났다. 흰곰에 대한 생각을 금지했던 집단에 이번에는 흰곰을 떠올려도 좋다고 했더니, 처음부터 떠올려도 좋다고 허용했던 집단에 비하여 벨을 훨씬 더 자주 누른 것이다. 다시 말해, 어떤 정보의 발설을 한 번 금지했다가 허용하면, 이를 처음부터 허용한 경우에 비하여 더욱 자주 발설하게 된다.

이러한 경향은 어떤 비밀을 오랫동안 숨겨온 상대에게서 정보를 유도하려 할 때에도 활용할 수 있다. 상대는 이미 비밀의 누설을 한 번 억눌렀기 때문에, 일단 정보를 털어놓기 시작하면 계속해서 더 많은 비밀을 나누고 싶어 할 것이다.

우리는 이러한 충동을 유용하게 활용할 수 있다. 시작은 대수로울 것 없는 작은 비밀이면 충분하다. 상대가 일단 입을 열기 시작하면 비밀 관계가 형성될 것이고, 이러한 관계를 잘 키워나가면 결국은 원하는 정보에 접근할 수 있게 될 것이다.

● 비밀과 건강의 밀접한 관계

사람들은 언제 타인에게 비밀을 이야기할까? 비밀의 종류와 그것이 밝혀졌을 때 미칠 수 있는 부정적인 영향의 정도에 따라 다르기는 하지만, 대부분의 사람들은 비밀로 말미암은 감정적인 상처가 견딜만해질 즈음 그 비밀을 공유하려 한다. 그러나 이렇게 친한 친구나 배우자, 혹은 지인에게 비밀을 털어놓는 사람들도 있지만, 마음속에 묻어두고 절대로 털어놓지 않는 사람들도 있다.

앞서 '흰곰' 실험에서 살펴본 바와 같이, 특정한 생각을 억누르려 하면 오히려 이것이 침투적 사고(본인이 원하지 않는데도 자꾸 떠오르는 생각)나 집착으로 이어질 수 있다. 비밀도 마찬가지다. 비밀 주체가 감추고 싶은 사건일수록 오히려 더 머릿속을 떠나지 않는다. 그래서 비밀을 지키고 침투적 사고나 집착을 견디는 데에는 엄청 난 정신적 에너지가 소모된다. 그렇다면 중대한 비밀을 타인과 공 유하지 않고 혼자서 짊어지는 경우, 정신적·육체적인 건강에 문제 가 생길 수도 있지 않을까?

대부분의 사람들은 중대한 비밀을 장기간 숨기는 경우 스트레 스가 증가할 거라고만 생각한다. 그러나 몇몇 연구를 살펴보면 이 보다 훨씬 심각한 문제가 발생할 가능성이 있다는 것을 알 수 있 다. 대학생 344명을 대상으로 진행한 한 연구에 따르면, 상대의 부 정적인 인식이 두려워 비밀을 숨기는 행위는 부끄러움, 우울증, 불 안감, 자존감 저하 등으로 이어졌다. 또 다른 연구에 따르면 정신 질환 증세로 입원한 아동의 상당수가 장기간에 걸쳐 이어온 '가족 비밀'로 인한 중압감에 시달렸다고 한다.

물론 위의 예시는 극단적인 경우이고, 비밀을 지키는 행위가 반 드시 비밀 주체의 건강에 눈에 띌만한 부정적인 영향을 주는 것은 아니다. 그러나 위의 연구들은 비밀을 지켜야 한다는 정신적 중압 감이 비밀 주체의 심리 상태에 악영향을 줄 것이라는 추측에 근거 를 부여한다.

비밀의 영향은 정신적인 범위를 넘어설 수도 있다. 사회 복지 분 야에 종사하는 성인을 대상으로 광범위하게 진행된 한 비교 연구 에 따르면, 타인에게 털어놓지 않는 비밀은 우울증이나 불안감의 직접적인 원인이 될뿐더러 두통이나 요통 같은 신체적 증상을 불러올 수도 있다.

동성애자인 남성들을 대상으로 진행된 또 다른 연구는 비밀이 우리의 정신뿐 아니라 신체적 건강에도 악영향을 준다는 사실을 다시 한 번 확실히 보여준다. 이 연구에서는 자신의 성적 성향을 공개한 남성들과 이를 숨긴 남성들의 건강 상태를 비교해 보았는데, 5년 후 건강 상태를 살펴보니 동성애자임을 비밀로 한 집단의 암 발병률이 더 높았고, 폐렴, 기관지염, 축농증, 결핵 등 감염 질환에도 더 취약하다는 점이 드러났다. 이 연구를 설계한 스티브 콜 Steve Cole 박사와 연구진에 따르면, 이러한 결과가 나타나게 된 원인은 나이, 인종, 사회경제적 지위, 스트레스 대처 유형의 차이가 아니다. 또한 약물 사용이나 운동 등 건강 관련 생활 습관이나 불안감, 우울증, 혹은 (사회적 기대에 맞추려는) 보고 편향의 차이도 아니었다. 요컨대 이들의 건강에 악영향을 준 것은 이들의 성적 성향이 아니라 그 성향을 타인에게 숨기는 행위였던 것이다.

실제로 이와 같은 중대한 비밀을 장기간 숨기는 경우 비밀 주체의 정신적 육체적 건강에 부정적인 영향이 나타난다는 것을 증명한 연구 결과가 다수 존재한다.

비밀을 지키는 행위가 우리를 아프게 할 수 있다면, 이를 알리는 행위가 우리를 '치유'할 수도 있는 걸까? 간단히 말해, 그럴 수 있다. 한 연구에 따르면 자신의 비밀을 주변과 나눈 유방암 환자의 생존 기간이 그렇지 않은 환자에 비해서 긴 것으로 드러났다. 이는 결코 우연히 나타난 1회적인 결과가 아니다. 다른 신뢰할만한 연구에서도 비밀을 털어놓는 행위가 건강에 유익할 수 있다는 점이 밝혀졌다.

이 분야에 대한 연구를 20여 년 동안 진행한 제임스 페니베이커 James Pennebaker 박사는 비밀을 털어놓는 행위에 대한 흥미롭고도 유익한 결론에 도달했다. 페니베이커 박사는 비밀을 짊어진 이들이 건강상의 문제에 더 취약한 이유를 조사하고, 충격적인 사건을 겪은 경험을 타인과 나눌 경우 건강이 증진되는지를 연구했다. 결과는 놀라웠다. 두 번에 걸친 실험 결과, 충격적인 경험을 글로 적는 행위가 비밀 주체의 건강을 증진시킨다는 점이 밝혀진 것이다.

첫 번째 실험은 (많은 과학자들이 연구에 애용하는) 대학생들을 대상으로 진행됐다. 페니베이커는 학생들을 네 집단으로 나누고, 아래의 주제 중 하나를 골라 나흘간 글쓰기를 하게 했다.

- 일상적 사건
- 자신이 경험한 충격적인 사건에 대한 사실
- 자신이 경험한 충격적인 사건에 대하여 드는 감정
- 자신이 경험한 충격적인 사건에 대한 사실과 이에 대한 감정

글쓰기가 진행된 지 6개월 후 드러난 사실은 놀라웠다. '자신이 경험한 충격적인 사건에 대한 사실과 이에 대한 감정'을 주제로 글쓰기를 한 학생들은 다른 주제를 택한 학생들에 비하여 학교 의무실을 찾는 횟수가 적었던 것이다.

두 번째 실험 역시 대학생들이 대상이 되었다. 학생들에게 '일상적 사건'과 '자신이 경험한 충격적 사건' 중 한 가지 주제를 택하여 역시 나흘간 글쓰기를 시키고, 글을 쓰기 전후의 면역 기능을 검사해보았다. 검사 결과, 일상적 사건을 택한 참가자들보다 충격적 사건을 택하여 글쓰기를 한 참가자들의 면역 기능이 더욱 활발했다(이 얼마나 좋은 소식인가!). 실험의 결과는 충격적인 사건에 대해 글을 쓰는 것이 건강에 도움이 된다는 점을 분명히 보여주었다.

또한, 충격적인 사건을 겪고 나서 이에 대해 상세하고 솔직하게 글쓰기를 한 사람의 경우, 불안감이나 과거 사건에 대해 부정적인 사고를 하는 빈도도 줄어드는 것으로 나타났다. 앞서 소개한 실험 결과와 추후에 실행한 추가적인 실험은 더욱 놀라운 사실을 밝혀냈다. 바로 타인에게 밝히지 못할 비밀에 대하여 하루에 15분에서 20분가량 나흘 동안 글로 쓰는 행위가 즉각적인 건강 증진으로 이어진다는 사실이다. 자신이 쓴 글을 아무에게도 보여주지 않고 없앤 경우에도 효과는 마찬가지였다.

따라서 더 좋은 치료와 지원을 제공하기 위하여 정보유도를 시도하는 경우라면 글쓰기를 활용해볼 수 있다. 상대가 자신의 비밀은 너무 끔찍하고 혐오스러우며 부끄러워서 누구에게도 말할 수 없다고 한다면, 페니베이커 박사의 실험에서처럼 우선 그 비밀을 글로 적어보게 한 후 이를 아무도 보지 못하게 없애는 것도 좋은 방법이다. 상대는 자신의 비밀을 다른 사람에게 알리지 않으면서도 그저 글을 쓰는 것만으로도 더욱 건강해질 수 있을 것이다.

자신의 비밀은 너무 끔찍하고 혐오스러우며 부끄러워서 누구에게도 말할 수 없다고 생각한다면, 우선 그 비밀을 글로 적어본 후 이를 아무도 보지 못하게 없애는 것도 좋은 방법이다. 자신의 비밀을 다른 사람에게 알리지 않으면서도 그저 글을 쓰는 것만으로도 더욱 건강해질 수 있을 것이다.

Chapter 1. Key Points :

독자들의 기억을 돕고, 원하는 때에 쉽게 찾아볼 수 있도록 Chapter 1에 등장한 주요 내용을 아래와 같이 정리해보았다.

● 비밀의 은밀한 속성

- 비밀은 복잡 미묘한 심리적 현상으로, 모든 이의 삶을 이루는 자연스러운 일부다. 누구에게나 비밀은 있으며, 특정한 정보를 감추고 싶어 하는 것도, 타인의 비밀을 알게 되는 일이 극히 드문 것도 자연스러운 현상이다.
- 비밀은 '타인에게 의도적으로 숨기는 정보'다. 여기서 '타인'은 회사, 기업, 단체, 정부 등의 기관이나, 배우자, 자녀, 친구, 동료, 낯선 이 등 사람을 포함할 수 있다.
- 타인에게 비밀로 하는 정보를 가진 이를 '비밀 주체'라고 한다.
- 비밀 주체에 의하여 의도적으로 정보를 제공받지 못한 이를 '비밀 객체'라 한다. 이들은 상대의 비밀에서 배제되고 그로 말미암아 불리한 위치에 놓인다.
- 비밀에는 자기중심 비밀과 타인중심 비밀, 두 가지 유형이 있다.
- 자기중심 비밀은 비밀 주체가 자신의 이익을 위하여 감추는

정보다.

- 타인중심 비밀은 다른 사람이나 기관의 이익을 위하여 지키는 비밀이다.
- 정보유도란 상대가 숨기고 있는 정보를 대화를 통하여 알아내는 과정이다.

● 아동기의 비밀

- 연구에 따르면, 유아 시절에는 주로 뭔가를 소유하기 위하여 비밀을 숨기는 반면, 자랄수록 수치심이나 처벌을 피하고자 비밀을 숨기는 경향이 있다. 이는 아동의 사회적 인식이 발달하면서 비밀 정보가 밝혀졌을 경우 타인과의 관계에 줄 수 있는 영향을 깨닫게 되기 때문이다.

● 청소년기의 비밀

- 청소년기의 비밀은 부모로부터의 감정적인 독립을 돕기는 하지만, 이러한 독립성이 너무 이른 시기에 형성되면 문제가 될 수 있다. 어른의 도움이나 조언이 필요한 심각한 문제나 상황을 혼자 해결하려 하게 되기 때문이다.

- 청소년기의 자녀가 부모로부터 너무 많은 비밀을 숨기면 심리적으로 부정적인 영향을 받을 수 있다. 이는 자존감 저하, 우울감, 스트레스와 공격성, 비행 가능성의 증가 등으로 이어질 수 있고, 자기 조절 능력 또한 감소시킨다.
- 청소년기의 아이들은 자신의 목적에 맞게 정보를 조작하고 이를 선별적으로 공개하는 데에 능숙해진다. 타인이 보는 자신의 모습을 원하는 대로 조종하기 위하여 정보를 조금씩 고치기도 한다.

● 성인들의 비밀

- 심각한 비밀이 우리에게 주는 악영향은 청소년기에나 성인이 된 후에나 비슷하다.
- 연구에 따르면, 성인들의 비밀 중에는 성에 관련된 것이 가장 많으며, 실패에 관련된 비밀이 두 번째로 많다.
- 지나치게 심각하거나 많은 비밀은 어린이나 청소년뿐 아니라 성인에게도 정신적 부담과 타격을 준다.

● 가족의 비밀

- 연구에 따르면, 가족의 형태를 막론하고 가족 내의 비밀의 개수나 주제, 목적은 유사하다.
- 가족의 비밀이란 가족이 외부 세계에, 구성원 일부가 나머지 가족에게, 혹은 부모가 자녀에게 숨기려 할 만큼 일반적인 상황을 뛰어넘는 사건을 뜻한다.
- 심각한 가족 비밀은 구성원을 심리적으로 강하게 구속하기 때문에, 구성원들은 집 밖에서, 때로는 집 안에서도 이 비밀을 발설하지 않게 된다.
- 심각한 가족 비밀을 해결하거나 치유하지 않고 그대로 둘 경우, 이는 다음 세대로 이어지며 피해를 줄 수 있다. 또한 평생에 걸쳐 한 가족 내에서 비밀을 아는 이들과 모르는 이들 간의 원만한 관계와 의사소통을 불가능하게 만든다.

● 직장에서의 비밀

- 모든 기업, 회사, 사업은 자신의 이익을 보호하기 위하여 비밀을 지킨다. 이러한 조직에는 주요 민감 정보를 아는 소수의 핵심 그룹이 존재한다. 그러므로 어떤 기업이나 조직의 정보를 알아내고 싶다면 바로 이 핵심 그룹을 정보유도의 목표물

로 삼아야 한다.

- 일부 고위 간부나 CEO들에게 잘 통하는 정보유도 전략이 존재한다.
- 상업적으로 민감한 정보를 보호하는 데에는 상표권이나 지적재산권, 특허 등의 법적 장치보다 비밀이라는 수단이 더 효과적일 수도 있다. 보호 기간이 제한적인 특허 등의 법적 장치에 비해 비밀은 잘만 지키면 무한히 보호되기 때문이다.
- 연구에 따르면, 변호사나 의사 등의 전문가가 의뢰인, 환자 등에게 열린 태도를 보이고 그들의 비밀을 보장한다고 하더라도 상대는 여전히 비밀을 감추려 하는 것으로 드러났다.

● 비밀의 효과와 영향

- 비밀 관계는 당사자 중 한 명 혹은 양쪽 모두가 그 관계 자체를 비밀로 하거나, 그 관계 내에서 공유한 정보를 비밀로 할 때에 발생한다. 몰래 하는 짝사랑 또한 이러한 관계에 속한다.
- 비밀을 나누는 행위는 강력한 유대감을 불러일으키고, 이는 비밀을 나누는 대상에 대한 이끌림과 몰입으로 이어진다.
- 정보유도를 시도할 때에는 우선 상대가 아주 작은, 대수롭지 않은 비밀이라도 털어놓게 만드는 것이 중요하다. 비밀을 한 번 털어놓기 시작하면 다른 비밀을 억누르는 힘 또한 약해지

기 때문이다.

- 중대한 비밀을 장기간 숨기는 경우 비밀 주체의 정신적 육체적 건강에 악영향을 준다는 사실을 보여주는 연구 결과가 다수 존재한다.
- 페니베이커 박사의 연구에 따르면 타인에게 밝히지 못할 비밀과 그로 말미암은 감정에 대하여 하루에 15분에서 20분가량 나흘 동안 글쓰기를 하면 즉각적인 건강 증진이 나타나는 것으로 밝혀졌다.

Chapter 2.

비밀 해제 기술은 과학이다

1장의 내용을 모두 읽은 독자라면 사람들이 비밀을 숨기는 이유를 확실히 이해했을 것이다. 그럼 이제 2장에서는 상대방의 비밀을 해제하는 방법에 대한 필수적인 지식을 나누고, 3장과 4장에서는 상대가 숨기는 비밀에 접근하는 실제적인 방법을 살펴보도록 하겠다.

'아는 게 힘'이라는 격언은 많은 경우 진리에 가깝지만, 정보가 너무 널리 공유되면 정보의 힘이 줄어드는 것 또한 사실이다. 이러한 이유로 '비밀 정보'는 이를 알고 있는 사람에게 상당한 힘과 이점을 가져다준다. 그러나 이러한 정보가 반대로 좋지 못한 영향을 주는 경우도 있다. 예를 들면, 1장에 소개된 가족 비밀의 경우나 학대 혹은 따돌림을 받으면서도 이를 어른에게 알리지 않는 아이들의 경우가 그렇다. 아이가 자신의 비밀을 부모, 교사, 혹은 상담사에게 털어놓으면 그 비밀이 주는 부정적인 영향은 약화된다.

아이가 숨기는 해로운 비밀에 부모, 교사, 상담사가 접근할 수 있다면, 아이를 더욱 잘 이해하고 필요한 도움을 제공하는 것이 가능하다. 직업적으로도 타사, 경쟁자, 혹은 동료의 비밀 정보에 접근할 수만 있다면 우리에게 큰 이점이 될 것이다. 기업의 고위 관리자, 인사 담당자나 면접관의 경우, 직원들이 숨기고자 하는 비밀에 접근함으로써 실제 상황을 더 잘 이해하고 이를 바탕으로 조직 관리를 개선할 수 있다.

이는 경찰이나 기타 법 집행 기관에서도 마찬가지다. 용의자가 강압이 아닌 자의에 의해 털어놓은 정보는 수사의 정확성과 효율성을 높여줄 뿐 아니라, 증거의 질과 신뢰도 또한 높여준다. 개인적인 인간관계도 예외는 아니다. 동료나 친구, 심지어 연인이나 배우자가 숨기고 있는 정보가 우리 자신을 보호하고, 상대를 더 잘 이해하기 위하여 반드시 필요한 것이라면 우리는 이에 접근할 방법을 찾아야 한다.

앞서 열거한 모든 사례에서 상대의 비밀을 알아내는 것은 우리에게 도움이 된다. 상대가 우리에게 비밀을 숨기면, 우리는 비밀 객체로서 불리하고 취약한 상황에 놓인다. 이 경우 상대는 비밀을 아예 아무에게도 털어놓지 않으려 하거나, 우리가 아닌 다른 사람에게 털어놓으려 할 수도 있다. 다행인 것은, 인간이 비밀을 만드는 이유에 대한 과학적인 이해를 갖추고 적절한 대인관계 기술을 활용한다면 상대가 감추려 하는 비밀에 우리가 먼저 접근할 수 있다는 점이다. 이렇게 상대의 비밀을 알아내는 일련의 과정을 바로 '정보유도'라고 한다.

비밀 캐내기는
우리의 일상이다

'정보유도'는 정부의 정보기관이나 비밀요원, 혹은 첩보요원들이 광범위하게 사용하는 용어로, 대화를 통하여 상대에게서 정보를 이끌어내는 전략이나 방법을 뜻한다. 간단히 말해, 정보유도는 상대에게서 뭔가를 알아내기 위한 대화라고 볼 수 있다. 비밀요원이나 스파이들은 정보유도 기술을 능숙하게 활용해서 상대에게 드러내놓고 물어봤다면 결코 얻지 못했을 정보를 얻어내곤 한다.

혹자는 이러한 정보유도는 은밀한 첩보의 세계에서나 필요할 뿐, 우리의 일상생활과는 관련이 없다고 생각할 수도 있다. 그러나 필자의 생각은 다르다. 우리 모두 어떤 형태로든 정보유도의 피해자가 될 수 있기 때문이다. 오늘날 우리 주변의 많은 사람들과 기업들은 끊임없이 우리에게서 뭔가 정보를 알아내려 애쓰고 있다. 혹시 필자의 생각이 너무 지나친 걸까? 아마 그렇지는 않을 것이다.

잠시만 생각해보자. 대부분의 독자는 댓글을 달거나 블로그를 사용하기 위하여 인터넷 사이트에 자신의 정보를 제공하고 등록한 적이 있을 것이다. 특별 할인 정보를 받아보거나 인터넷 쇼핑을 즐기고, 토론 게시판에 참여하거나 회원 혜택을 받아보기 위하여 등록한 적도 있을 것이다. 설문지를 작성하고 경품에 응모한 적은 없는가? 이런저런 매장에서 매달 추첨하는 명함 이벤트는 또 어떤가? 모두 크게 해 될 것 없는 행동으로 보이지만, 결국 우리의 정보를 얻어내기 위한 행동이다. 우리가 신원을 밝히지 않는다고 해도 정보가 빠져나간다는 점은 매한가지다.

우리가 일상에서 사용하는 수많은 '적립 카드'와 '고객 우대 프로그램'을 생각해보자. 우리는 여행을 하거나 이동을 할 때에도 항공 마일리지 카드나 교통 카드를 사용하고, 숙소를 잡을 때도 포인트를 적립하거나 우대받기 위해 회원으로 가입한다. 물건을 살 때도 포인트를 적립하는 신용카드를 사용하며, 주유소, 식당, 식료품점, 커피숍, 의류 매장에서도 고객 카드를 발급받는다. 고객 입장에서는 포인트나 사은품, 할인을 받아서 좋기는 하지만, 기업 입장에서 이는 고객의 정보를 '유도'하는 매우 효과적인 방법이다. 우선 고객이 처음 가입할 때 구체적인 신상 정보를 입수할 수 있으며, 그 후로는 쇼핑, 식생활, 여행, 은행 활동의 패턴과 기호를 파악할 수 있다. 그뿐만 아니라 우리가 고르는 사은품이나 보상의 종류 또한 중요한 마케팅 자료로 활용할 수 있다. 이러한 적립 카드나 고객 우대 프로그램은 21세기를 살아가는 우리 생활의 일부로 자리 잡았다. 그 결과 우리는 아무 의심 없이 자신에 대한 정보를 넘겨주고 끊임없이 갱신하며, 기업에서는 이러한 정보를 상업적으로 이용한다.

만약 이런 기업들이 아무런 보상 프로그램이나 사은품 없이 다짜고짜 우리에게 구매 정보나 여행 정보를 내놓으라고 하고 주기적으로 갱신까지 하라고 한다면, 우리 중 대부분은 이에 응하지 않을 것이다. 그러나 적립 카드나 보상 프로그램은 모두가 별생각 없이 기꺼이 사용하며, 그 과정에서 기업은 이러한 정보를 수집한다. 교묘한 위장막을 쓴 기업의 미끼는 여러 혜택을 약속하며 전세계 수백만의 소비자를 끌어당기고 있다. 그 결과 컴퓨터를 통하여 막대한 양의 개인 정보가 수집된다. 이것이 바로 '기업의 정보유도' 방식이며, 앞서 살펴보았듯이 매우 효과적이다.

이러한 프로그램은 경제적인 이익이나 보상이라는 미끼를 활용하며, 이는 대부분의 사람에게 효과적이다. 우리가 비밀 주체에게서 원하는 정보를 얻어내기 위하여 사용할 '미끼'는 상황과 상대에 따라 다르지만, 기업이나 첩보 기관과는 달리 상대를 돈으로 매수할 일은 없으니 안심하기 바란다.

우리는 직장생활을 하며 다양한 회의, 콘퍼런스, 박람회, 발표회 등에 참석한다. '네트워킹', 즉 인맥 형성의 중요성을 익히 아는 사람들은 자신에게, 혹은 서로에게 도움이 될 만한 새로운 인물을 찾아다닌다. 이러한 행사에 참석한 사람들은 다른 참가자들과 대화를 하며 관심이 가거나 유용한 정보를 기억해두려 노력한다. 직장생활이나 일상생활에서의 네트워킹을 위하여 일부러 이런저런 대화를 나누며 유용한 인물들과 관계를 형성하는 것이다. 그런데 유난히 이런 네트워킹에 능한 사람들이 있다. 이들은 주변 상황을 재빨리 파악하고, 눈 깜짝할 사이에 자신에게 필요한 다양한 인물들과 연락처를 교환하고 인맥을 쌓는다. 이런 사람들은 정보유도 능력을 자연스럽게 타고나거나 의도적으로 훈련한 사람들이다. 앞서 말했듯이 정보유도는 우리 일상의 일부분이며, 이를 효과적으로 수행해야만 자신의 정보를 잘 보호하고 상대의 정보를 유리하게 활용할 수 있다.

우리에게 정보를 숨기는 비밀 주체(사업 경쟁자, 사실을 털어놓지 않는 고객, 범죄 용의자, 직장 동료, 조직의 임원, 거짓말을 하는 자녀나 학생)는 직접적이고 노골적인 질문에는 답변을 거부할 확률이 높다. 이때 한 가지 알아둘 것이 있는데, 비밀 주체가 정보를 의도적으로 숨기는 것이 아닌 경우도 있다. 예를 들어 부모, 혹은 배우자에 의한 학대 피해자나 범죄 피해자의 경우 비밀 정보를 입 밖에 내거나 다시 떠올리는 것이 심리적으로 고통스러울 수도 있다. 물론 이러한 경우에도 우리는 필요한 정보를 유도해낼 수 있어야 한다. 각각의 경우에 걸맞은 전략과 '미끼'를 활용한다면 필요한 정보에 성공적으로 접근할 수 있을 것이다. 정보유도는 상대에게 겁을 주어서 강제로 정보를 빼앗는 것도, 상대로 하여금 정보를 조작하게 하는 것도 아니다. 단지 비밀의 베일에 싸여 있는 진실을 밝혀내는 작업일 뿐이다.

정보유도를 제대로 시행하면 비밀 주체에게도 비밀 객체(우리)에게도 그저 즐거운 대화로 느껴질 것이다. 지금까지 살아오면서 왠지 뭔가 잘 안 통하는 것 같은 사람을 만나본 경험이 있을 것이다.

상대가 일부러 어렵게 구는 것도 아닌데, 이상하게 서로 주파수가 안 맞고 의사소통이 어긋나는 경험 말이다. 이런 상대에게는 농담을 해도 재미가 없고, 말도 잘 통하지 않는다. 열의가 지나쳐 혼자서만 떠들어대는 미숙한 영업사원이나, 다짜고짜 전화를 걸어 신원을 묻더니 우리 말은 듣지도 않고 물건만 팔려고 열심인 텔레마케터 때문에 불편한 기분을 경험한 적은 없는가? 비밀 주체와 대화를 시도할 때는 절대로 이런 인상을 주어서는 안 된다.

위와는 반대로, 대화 자체가 너무 즐거워서 하루 종일이라도 얘기를 나눌 수 있을 것 같은 상대를 만나본 적도 있을 것이다. 이런 사람들은 상대의 말을 경청하며, 군이 상대의 정보에 접근하려는 의도 없이도 자연스럽게 정보를 유도한다. 이 때문에 상대가 대화를 편안하게 느껴서 평소보다 많은 정보를 공유하게 된다. 또한 그 사람과 함께 있는 것 자체가 즐거웠기에 다시 만나서 대화를 나누기를 바라게 된다. 우리는 비밀 주체에게 바로 이러한 인상을 심어주려고 노력해야 한다.

필자가 폭주족 집단의 간부급 조직원을 수사할 당시에 있었던 일이다. 수사를 진행하던 중 그 조직원의 은행 계좌 활동과 휴대전화가 어느 날 갑자기 뚝 끊겨버렸다. 여권 사용 기록이 없는 것으로 보아 외국으로 도주한 것도 아니었는데, 감시요원들조차 소재 파악에 실패했다. 정말이지 감쪽같이 사라진 것이다. 어느 날 갑자기 특정인이 자취를 감추고 모든 활동이 중지되는 경우, 몇 가지 가능성을 추측해볼 수 있다. 경찰의 수사에 겁을 먹고 숨은 경우, 가짜 여권을 가지고 출국한 경우, 살해당한 경우 등이다. 수사관의 입장에서는 어느 쪽도 달가운 경우는 아니다. 그 조직원에게는 '형에 비하면' 나름 법을 지키고 살아가는 일반인 동생이 한 명 있었다. 둘 사이가 돈독했으므로, 동생은 형의 소재를 알고 있을 게 거의 확실했다. 이 경우 그 동생이 바로 '비밀 주체'다. 그러나 동생에게 접근하여 다짜고짜 용의자의 행방이나 무슨 일이 있었는지를 물어봤자 반응은 호의적이지 않을 것이 뻔했다. 필자는 (후에 소개될) READ 정보유도 모델을 활용하기로 결정했다. 우선 지역 호텔에 머물고 있던 그를 찾아가 이런저런 주제로 대화를 시도했다. 대화를 이어가던 중, 그는 형이 호주의 외딴 지역으로 여행을 떠나 캠핑과 사냥, 낚시를 즐기고 있다는 이야기를 했다. 은행도 없고 휴대폰 수신도 불가능한 지역이었기 때문에 갑자기 모든 활동이 멈춘 것처럼 보였던 것이었다.

필자는 조직원의 동생과 조금 더 대화를 나누다 적절한 시간에 호텔을 나섰다. 그는 대화를 즐기는 듯 보였고, 필자가 가까운 미래에 다시 찾아가면 반갑게 맞아줄 것 같았다. 이렇듯 정보유도 기술을 제대로 사용하면 비밀 주체는 물 흐르듯 자연스럽게 정보를 꺼내놓는다. 상대는 편안하고 안정된 기분을 느끼며, 왜 자신이 이렇게 많은 정보를 털어놓고 있는지 의문을 품지도 않는다. 바로 그 동생의 경우처럼 말이다.

그럼 이제 직장이나 사업에서의 정보유도에 대해 알아보자. 혹자는 그 필요성에 대해 의문을 제기할지도 모른다. 경쟁사가 펴내는 자료나 인터넷에 게시된 보고서를 참고하면 되는데, 굳이 사람을 만나서 정보를 유도할 필요가 있느냐고 말이다. 물론 기업은 경쟁사의 자료를 바탕으로 마케팅 전략이나 사업 전략을 분석하고 연구하는 데에 많은 시간을 투자한다. 그러나 이것만으로는 충분치 않다. 아무리 심층적인 정보가 담긴 자료라고 하더라도 그 자료가 인쇄된 시점이 지나면 정확성이 떨어질 수밖에 없다. 홈페이지의 정보 또한 매일 업데이트 되는 것은 아니며, 무엇보다도 기업은 외부에 공개하고 싶은 정보만 공개한다.

반면, 사람은 미래에 대한 전략이나 구상, 경쟁사 내부의 인적관계나 분위기, 사업 활동에 대한 통찰력 있는 정보를 제공할 수 있다. 이러한 정보는 자료가 아닌 사람에게서만 얻을 수 있다. 그러므로 사업에서 정보유도를 적절히 활용한다면 자료와 인터넷에만 의존하는 다른 이들은 절대 알아낼 수 없는 정확하고도 신뢰할 만한 정보를 손에 넣을 수 있을 것이다.

4장에 등장할 READ 정보유도 모델은 이 과정에서 우리를 이끌어 줄 훌륭한 길잡이가 되어줄 것이다. 이 모델을 소개하기에 앞서, 정보유도의 두 가지 유형인 직접 정보유도와 간접 정보유도에 대하여 알아보고 각각의 유형에 걸맞은 정보유도 도구를 살펴보도록 하자.

직접적으로
밝히고 물어라

: 직접 정보유도 기술

상대의 비밀 정보에 접근하고자 하는 우리의 의도를 직접적으로 밝히고 진행하는 '직접 정보유도'에 대해 알아보자. 이러한 방식의 정보유도는 형식이 갖춰진 면담이나 조사 등의 환경에서 주로 활용하지만, 예외도 있을 수 있다. 예를 들어 십 대 자녀가 그날 뭘 했는지, 혹은 뭘 하려 하는지 알고 싶지만 추궁하는 것처럼 보이고 싶지 않을 경우, 직접 정보유도를 활용할 수 있다.

직접 정보유도는 명칭에서 알 수 있듯 비밀 주체에게서 알아내고 싶은 것에 대하여 명확한 질문을 던지는 직접적인 접근법이지만, 그저 서로 질문과 답변만 주고받는 평범한 과정은 아니다. 상대에게서 원하는 정보를 성공적으로 이끌어내려면 다양한 기술을 활용할 필요가 있다. 이때 정보유도에 필요한 기술을 적절히 사용하지 못한다면 숨은 정보를 이끌어낼 수가 없다. 상대가 답변을 거부하거나 필요한 정보를 떠올리는 것을 힘겨워할 경우, 접근이 차단될 수밖에 없기 때문이다.

직접 정보유도는 다음과 같은 상황에서 활용할 수 있다.

- 불만 사항이나 다양한 사건에 대한 조사회의 시
- 업무에 대한 피드백 회의 시
- 선발 위원 면담 시
- 신원 조회를 위한 면담 시
- 고용 이력 확인 및 추천인 증명을 위한 면담 시
- 아이가 어떤 사건을 목격했는데 친구를 고자질하기 싫어서 말을 하지 않으려 할 때
- 부모, 교사, 상담사, 혹은 의료진이 상대방의 치료를 돕기 위하여 범죄 피해, 교통사고, 따돌림, 사별 등 충격적인 사건의 경험 여부를 물을 때
- 환자가 자발적으로 밝히려 하지 않는 마약 사용, 흡연, 섭식 장애, 과음 등의 사실에 대하여 의사가 물을 때
- 경찰, 수사관, 혹은 보안요원이 용의자나 정보원, 혹은 목격자를 심문할 때

이처럼 직접 정보유도는 정보를 감추고 있는 상대가 그 정보에 접근하려는 우리의 의도를 알고 있는 경우에 사용할 수 있다.

효과적인 정보유도 기술은 직접, 간접을 막론하고 모든 정보유도 상황에서 활용할 수 있지만 몇 가지 기술은 원하는 정보를 얻

기 위하여 상대에게 직접적인 질문을 던질 수 있는 권한이 주어진 경우에 더욱 큰 효과를 발휘한다. 바로 다음과 같은 기술이다.

- **막다른 곳으로 몰지 않기** : 질문을 던질 때에 '여지'를 주면 상대를 막다른 곳으로 모는 것을 막을 수 있다.
- **권위의 장벽을 허물고 감정적인 공감 표하기** : 이를 통하여 상대와의 친밀감을 빠르게 구축하고, 상대의 마음을 열 수 있다.
- **열린 질문 활용하기** : 이렇게 하면 상대가 단순히 '예', '아니오'로 답하여 대화가 종료되는 것을 막을 수 있다.
- **침묵 활용하기** : 우리가 침묵을 지키면 상대는 말하기 시작한다.

그럼 이제부터 다양한 예시와 함께 네 가지 기술을 더욱 자세히 살펴보도록 하겠다.

● 막다른 곳으로 몰지 않기

사람들은 상대를 심문할 수 있는 환경이 주어지면 곧바로 본론으로 들어가 직접적인 질문을 던지는 경향이 있다. 그러나 이런 식의 접근법은 상대가 답변을 거부하거나 완강히 부인하게 만들어 의사소통 자체를 막아버릴 수도 있다. 이렇게 되면 질문자도 상대방도 각각 막다른 구석으로 몰리는 대화의 교착상태가 찾아온다.

부모/교사　창문에 누가 공 던졌는지 아니?

자녀/학생　몰라요.

작업장 사고 조사관　바닥이 젖은 채로 그냥 내버려두었습니까?

의심받는 직원　아니오.

의류 매장 직원　(환불하려는 고객에게) 혹시 착용한 적 있으세요?

고객　아니오.

위의 상황에서 질문에 답한 비밀 주체들은 자신의 대답에 갇혀 옴짝달싹할 수 없다. 나중에라도 진실을 밝히려면 거짓말을 했다는 사실을 인정해야 하는데, 그렇게 할 경우 창피함, 망신, 불이익, 처벌을 감수해야 한다. 이 경우 대화는 교착상태에 빠진다. 일단 이렇게 두 사람이 막다른 곳으로 몰리고 나면, 소통은 단절되고 상황 극복은 더욱 어려워진다.

비밀 주체가 거짓말을 할 수밖에 없는 질문을 던지면 우리가 원하는 정보는 주체 안에 더욱 단단히 갇히고 만다. 비밀 주체가 진실을 부정할 수밖에 없는 궁지로 몰리기 때문이다. 궁지에 몰린 주체는 자신이 거짓말을 했다는 것을 드러내지 않고서는 진실을 밝힐 수 없는 상황에 빠진다 비밀 주체는 이미 우리에게 대놓고 거짓말을 했기 때문에 나중에 자신의 말을 번복하고 진실을 밝히기에는 심리적 부담이 상당하다.

이렇게 비밀 주체와의 자존심 싸움이 벌어지면 상황은 더 골치아파진다. 그러므로 비밀 주체가 거짓말을 하여 스스로를 궁지에 몰기 전에 선제 조치를 취해야 한다. 이 조치가 바로 '여지가 있는 질문 던지기'다. 이러한 질문은 적어도 진실에 반쯤은 다가가게 해준다. 비밀 주체가 진실을 완전히 부정하거나 거짓말을 하기보다 모호하게나마 진실이 섞인 답을 내주기 때문이다. 비밀 주체가 사건의 일부에 대해서는 거짓말을 하는 대신 다른 측면에 대해서는 사실대로의 정보를 준다면 이것만으로도 괜찮은 성과다. 대화를 계속 이어나가며 그 부분적인 정보를 바탕으로 전체적인 진실에 다가설 수 있기 때문이다. 진실이 드러난 후에도 비밀 주체는 거짓말을 했다는 사실을 들켜 당혹스러운 기분을 느끼지 않을 수 있다.

● 상대에게 여지를 주는 질문하기

위에 소개한 똑같은 상황에서 질문의 방식을 다음과 같이 바꾸면 상대에게 여지를 줄 수 있다.

부모/교사 혹시 누가 창문에 공을 던졌는지 알아내는 걸 도와줄 수 있겠니?

(아이는 이 질문에도 모호한 부정으로 답할 수도 있으나, 적어도 아무것도 모른다고 잡아떼지는 않는다. 그러므로 대화가 진행되며 나중에 어떤 정보를 털어놓게 되어도 거짓말쟁이가 되지 않는다. 이는 나중에라도 아이가 진실을 말할 확률을 높여준다.)

자녀/학생 도와드리기 어려울 것 같아요.

(비록 아이가 바로 협조하지는 않았지만, 아무것도 모른다고 딱 잘라 부정하는 것보다는 바람직한 반응이다. 부모나 교사는 여기서부터 대화를 이어나가며 정보를 유도할 수 있다.)

작업장 사고 조사관 작업장을 안전하게 정리하는 법에 대한 교육을 받으신 적이 있습니까?

(이런 식의 질문은 직원이 작업장 바닥을 젖은 채로 둔 것에 대하여 어느 정도까지 핑계를 댈 수 있는, 즉 '빠져나갈 구멍'을 열어준다. 물론 이미 발생한 사건에 관한 실제 사실은 변하지 않겠지만, 대화가 상대의 자백으로 이어질 가능성이 높아진다.)

의심받는 직원 작업장을 자주 정리하기는 했지만, 실제로 교육을 받은 적은 없습니다.

의류 매장 직원   (환불하려는 고객에게) 상품에 착용 흔적이 있는 것 같은데요. 혹시 구매하실 당시에도 이런 흔적이 있었나요?

고객 그럴 수도 있겠네요. 누군가 착용했을 수도 있겠어요.

> (매장 직원의 질문은 고객에게 '빠져나갈 구멍'을 열어주며, 거
> 짓말을 하지 않고 답할 수 있는 '여지'를 준다. 직원의 질문에
> 아니라고 딱 잡아떼지 않고 착용 흔적이 있다는 것을 인정한
> 것만 해도 큰 진전이다. 직원은 대화를 이끌어 나가며 구매 당
> 시 고객이나 계산대 직원이 착용 흔적을 눈치채지 못한 이유에
> 대하여 질문하며 고객의 착용 사실을 인정하게 하면 된다.)

대화의 교착상태야말로 비밀 정보 해제의 가장 큰 적이다. 대화
가 막히면 정보의 흐름도 같이 막혀버리기 때문이다. 상대의 정
보에 접근하고자 하는 우리에게 이는 최악의 상황이다. 이러한
상황을 피하려면 상대에게 질문할 때에 늘 '여지'를 주어야 한
다. 여지가 있는 질문은 거짓 정보와 함께 진짜 정보 또한 흘러
나오게 한다.

거짓이 섞인 대화라도 상대의 전면적인 부정보다는 훨씬 낫다.
요컨대 해결책은 '여지가 있는 질문'으로 비밀 주체가 거짓말과 함
께 진실을 말하도록 유도하는 것이다. 이렇게 하면 상대가 모든
것을 아예 부정하는 사태를 막을 수 있다.

● 권위의 장벽을 허물고 감정적인 공감 표하기

앞서 예시로 소개한 상황을 살펴보면, (항상 그런 것은 아니지만) 숨은 정보를 알아내려 하는 질문자가 비밀 주체보다 지위, 전문성, 직업 등의 면에서 강자의 위치에 있음을 알 수 있다. 이러한 상황에서는 비밀 주체가 질문자에게 거리감을 느낄 수 있기 때문에 정보를 얻어내는 데에 불리하다. 따라서 상대가 정보를 공유하게 하려면 힘의 차이에서 오는 의사소통의 벽을 허물어야 한다. 이를 위해 먼저 해야 할 일이 바로 우리에게 주어진 권한을 적절히 조절하여 상대와의 거리를 좁히는 것이다.

이 개념에 대한 이해를 돕기 위하여 예를 들어보겠다. 보험회사 조사관이 한 사업장의 의심스러운 화재사건을 조사하며 그 사업장의 주인(비밀 주체)에게 질문을 던지는 상황을 살펴보자. 이 상황에서는 누가 보아도 보험회사 조사관이 강자다. 조사관이 이 업주가 화재에 관련되어 있다는 결론을 내리면 보험금 지급이 거절 혹은 지연될 수 있기 때문이다. 업주가 사건에 개입했는지 여부와 상관없이, 업주와 조사관의 관계는 필연적으로 조사관 쪽으로 기울어질 수밖에 없다. 업주가 실제로 화재에 관련되어 있다면 더욱 그렇고 말이다.

이 사건에서는 비밀 주체(업주)에게 죄가 없다고 가정해보자. 그는 지금 화재로 모든 것을 잃은 데다 경찰, 화재 조사관, 심지어 언론에까지 추궁당하고 있다. 일생에 걸쳐 쌓아올린 모든 것이 무너

져버렸고, 그렇지 않아도 경찰이니 소방서니 여기저기서 찾아와 들쑤시고 다녀서 힘든 마당에 보험 조사관까지 등장한 것이다. 그는 사업에 관련된 사항들뿐 아니라 개인적인 사항들까지 조사받느라 사생활까지 침해받는 고통스러운 나날을 보내고 있다.

이 경우 업주는 이제 더 이상은 사건에 대한 이야기를 나누고 싶지 않을 수도 있다. 특히 상대가 또 다른 권위적인 조사관이라면 말이다. 물론 보험 조사관은 사건의 정황에 대해 정직하고 객관적인 정보를 원할 뿐이다. 그러나 이 상황에서는 조사관이 둘 사이의 힘의 차이로 발생하는 의사소통의 벽을 먼저 허물지 않는 한 업주가 입을 열지 않을 가능성이 높다. 업주에게 죄가 없는 상황에서도 이럴진대, 만약 죄가 있다면 정보를 얻어내기는 더욱 힘들어질 것이다.

그렇다면 이 상황에서 조사관이 취할 수 있는 최선의 방법은 무엇일까? 어떤 사람들은 그냥 주어진 권한을 활용하여 강제로 비밀 주체에게서 정보를 얻어내면 되는 것 아니냐고 할 수도 있다. 예를 들어, 보험금 지급을 거절하거나 지연시키겠다고 위협하면서 말이다. 물론 단호한 접근법이 정답일 때도 있다. 그러나 필자의 경험상, 이런 접근법을 취하면 비밀 주체가 위협을 피하기 위해 최소한의 정보나 반쪽짜리 진실만 내놓는 경우가 많고, 그나마도 위협이 줄어들면 입을 닫아 버린다. 즉, 위협으로는 우리가 원하는 정보가 자발적으로 흘러나오게 할 수 없다.

이는 겁먹은 아이에게 교사나 부모가 윽박지른다고 아이가 모든 마음속 비밀을 정직하게 털어놓지는 않는 것과 같은 이치다. 아이는 마지못해 드문드문 이야기를 할 테지만, 이 같은 방식에 마음이 상하여 결코 모든 정보를 정확하게 털어놓지는 않을 것이다.

경찰이 용의자를 위협하여 얻은 증거를 법정에서 인정하지 않는데에는 그만한 이유가 있다. 우선 강압으로 정보를 얻어내는 행동은 효과적이지 않고, 정보를 얻어낸다고 하더라도 그 정확도나 신뢰도가 떨어질 수밖에 없기 때문이다. 살인범과 성범죄자를 대상으로 진행된 한 연구에서도 경찰의 심문 시 강압적인 정보 요구는 효과가 떨어지는 것으로 드러났다.

이 연구에서는 용의자의 자백을 받아내는 데에 상반되는 경찰의 심문 태도 두 가지 중에 어느 것이 더 효과적인지를 비교해보았다. 첫 번째 방식은 권위적이고 강압적인 태도였고, 두 번째 방식은 인간적이고 이해심 있는 태도, 즉 용의자와 이들의 고충에 진심 어린 관심과 공감을 보이는 방식이었다. 연구 결과는 후자가 훨씬 효과적임을 명백히 보여주었다. 후자의 태도를 보였을 경우 더 많은 자백을 이끌어낼 수 있었던 반면, 전자의 경우 오히려 상대의 부정과 거짓말을 증가시켰던 것이다.

이처럼 공감 어린 태도로 상대를 이해하려고 하면 범죄자들도 우호적으로 반응하고 비밀을 털어놓는다. 위의 연구와 유사한 다른 연구에서도 비슷한 결론이 도출되었다. 상대에게서 정보를 얻어내는 과정에서 공감, 진정성 등 다양한 감정을 보일 수 있는 사람이야말로 이상적인 질문자로 드러난 것이다. 이 모든 연구는 일

연구에 따르면, 경찰이 심문 시 공감과 진정성을
활용하여 상대방과 친밀감을 형성할 경우 협조
가능성이 커질 뿐 아니라, 진술의 정확도 또한
35%에서 45%가량 상승하는 것으로 드러났다.

관련 결론을 보여주고 있다. 바로 대화를 통한 친근감 형성과 공감의 표시는 가장 끔찍한 범죄를 저지른 범죄자들조차 자발적으로 비밀을 털어놓게 만든다는 것이다. 심지어 비밀을 털어놓고 자백을 하면 감옥에 가게 되는 상황에서도 말이다.

이러한 방식으로 살인자와 성범죄자의 자백과 증언을 얻어낼 수 있다면, 감옥에 갈 우려가 없는 일반인들의 경우 우리가 원하는 정보를 얻어내기가 훨씬 쉽지 않을까? 물론 그렇다. 이때 관건은 상대에게 공감을 표하며 자연스럽고 편안하게 정보를 털어놓을 수 있는 환경과 관계를 만드는 것이다. 공감은 상대의 처지에서 생각하며 그들의 상황과 감정, 동기에 동일시하는 감정으로 동정심과는 구별이 필요하다. 요컨대 공감은 상대의 감정을 이해하는 것이다.

연구에 따르면, 경찰이 심문 시 공감과 진정성을 활용하여 상대방과 친밀감을 형성할 경우 협조 가능성이 커질 뿐 아니라, 진술의 정확도 또한 35%에서 45%가량 상승하는 것으로 드러났다. 이렇듯 상대에 비하여 권위나 힘이 우월한 위치에서 상대의 정보를 이끌어내려면 벽을 허물고 공감과 진정성을 표하는 것이 중요하다.

그럼 다시 원래의 예로 돌아가보자. 다이앤 존슨이라는 이름의 보험 조사관이 업주에게 다가가 자신을 소개하며 이렇게 말한다.

"안녕하세요. 존슨 조사관입니다. 화재에 대해서 몇 가지 여쭤볼 것이 있습니다."

그녀의 소개와 동시에 업주와의 사이에는 세 가지 장벽이 들어선다.

- '조사관'이라는 직함으로 말미암은 권위의 장벽
- 이름이 아닌 성으로 소개한 것으로 말미암은 개인적 장벽
- 공감의 부족으로 말미암은 감정적 장벽

이 소개는 딱딱하고 권위적이며 감정적 공감이 전혀 묻어나지 않는다. 이 경우, 모든 정보유도 과정에서 필수적인 비밀 주체와 친밀감을 형성할 기회가 사라져버린다. 만약 이 소개에 아주 작은 변화만 준다면 상대와의 친밀감 형성을 시작할 수 있다. 그러면 상대는 조사관이 요구하는 정보만 마지못해 내놓는 것이 아니라 그이상의 정보도 기꺼이 공유할 것이다.

조사관이 이렇게 자신을 소개했다면 어떨까?

"안녕하세요? 제 이름은 다이앤이고, 맥케이 보험회사에서 일하고 있습니다. 화재 때문에 상심이 크시겠어요. 혹시 관련된 내용을 파악할 수 있게 좀 도와주실 수 있나요?"

이러한 방식의 소개는 협조적인 대화로 이어져 조사관이 찾고자 하는 숨은 정보로 통하는 문을 열어줄 것이다. 앞서 예로 든 권위적이고 딱딱하고 감정이 없는 소개에 비하여 훨씬 효과적이리란

점은 두말할 필요도 없다.

설령 조사관이 상대의 유죄를 의심하는 상황이더라도, 대화를 통하여 권위의 장벽을 없애고 공감을 표시해서 감정적 연결포인트를 찾는 것이 중요하다. 이는 '조사관'이라는 직함 대신 이름으로 자신을 소개하는 것만으로도 가능하다. 어차피 둘의 관계에서 조사관이 더 우월한 위치에 있을 수밖에 없는 만큼, 굳이 이를 언급하여 강조할 필요는 없다. 만약 이 사업가에게 죄가 있는 경우라면, 조사관의 친근한 접근법이 경계심을 낮춰줄 것이다. 용의자가 된 기분에서 벗어날 수 있을 것이기 때문이다. 또 만약 이 사업가에게 죄가 없다면 자신의 불행을 이해해주는 조사관과 감정적인 유대감을 형성할 수 있을 것이다.

이 책에서는 보험 조사관을 예로 들었지만, 부모, 의사, 교사, 상담사, 대학 강사, 변호사 등 다른 경우도 마찬가지다. 이러한 접근법은 비밀 주체와 우리 사이에 권위의 차이가 존재하고, 비밀 주체가 이를 인식하는 모든 경우에 활용할 수 있다.

직접 정보유도를 시도할 때 직업적인 전문성이나 지위가 주는 권위에 의존하다 보면 상대와 적대적인 관계가 될 수도 있다. 이러한 관계에서는 질문과 답변을 주고받아봤자 우리가 원하는 정확하고 전체적인 정보를 얻지 못할 가능성이 크다. 따라서 권위의 장벽을 낮추고 상대에 대한 이해와 공감을 보여줄 방법을 찾아야 한다. 그렇게 해야만 상대의 비밀 정보가 더욱 자연스럽고 편안하게 흘러나올 것이기 때문이다.

친밀감은 동질감을 통하여 형성된다. 그러므로 상대와의 차이점은 최소화하고 공통점은 강조하며, 필요에 따라 과장해야 한다. 상대와의 친밀감은 상대가 비밀 정보를 털어놓을지 여부를 결정하는 데 가장 중요한 요소다.

● 열린 질문 활용하기

직접 정보유도 시에는 상대가 '예', '아니요'로 답해야 하는 질문은 피하는 것이 좋다. 이런 식의 질문이 너무 많으면, 상대가 조사나 심문을 받는 것 같은 기분을 느끼기 때문이다. 이렇게 되면 자연히 우리에게 협조하고 싶은 마음 또한 줄어들게 마련이다. 상대에게 '예' 또는 '아니요'를 묻는 '닫힌 질문'으로도 일부 정보는 얻어낼 수 있지만, 우리가 원하는 정도에는 미치지 못한다.

따라서 닫힌 질문보다는 비밀 주체에게서 긴 답변을 이끌어낼 수 있는 열린 질문을 활용하는 것이 바람직하다. 상대의 답변은 길면 길수록 좋다. 한 연구에 따르면 경찰 조사에서도 상대에게 열린 질문을 던지는 경우에 더 길고 자세한 진술을 이끌어낼 수 있었다고 한다. 이렇듯 열린 질문은 대화의 창을 열어주고, 상대로부터 정보가 가득한 답변을 이끌어낼 뿐만 아니라 '예' 혹은 '아니요'라는 대답으로 대화가 종결되는 것을 방지한다. 이는 열린 질문이 상대에게 자신의 이야기를 풀어놓을 기회를 주어 말하고자 하는 욕

구를 부추기기 때문이다. 이러한 질문은 주로 아래와 같은 단어나
구절을 포함한다.

- 언제 — 언제 그 프로그램이 시작됐습니까?
- 어디 — 어디에서 온 정보입니까?
- 누구 — 누구와 함께 있었습니까?
- 무엇 — 무슨 일이 있었습니까?
- 왜 — 왜 그런 일이 있었습니까?
- 어떻게 — 어떻게 만났습니까?
- ~에 대한 이야기를 해주시겠습니까?
- ~를 설명해주시겠습니까?

앞선 질문들은 단순히 '예'나 '아니오'로 대답할 수 없다. 이 때문
에 대화의 중심이 비밀 주체에게 넘어가 긴 답변을 유도하게 되는
것이다.

직접 정보유도 상황에서는 상대에게 질문을 던지기 전에 마음
속으로 한 번 되새겨보고, 단답형으로 답할 수 있는 질문인지 확
인해보자. 만약 그럴 가능성이 있는 질문이라면 다음의 예를 참고
하여 '열린 질문'으로 바꿔보자.

닫힌 질문	열린 질문
부모 어제 학교 끝나고 쇼핑센터에 갔니?	부모 오늘 학교 끝나고 뭐했는지 얘기해줄래?
자녀 예.	자녀 쇼핑센터에 갔어요.
부모 가서 아는 사람들 만났어?	부모 가서 뭐했어?
자녀 예.	자녀 마이크랑 도미니크를 만났어요.
부모 친구였어?	부모 만나서 뭘 했니?
자녀 예.	
면접관 일을 열심히 하는 편입니까?	면접관 본인의 장점에 대해서 얘기해주시겠습니까?
지원자 예.	지원자 저는 시간관념이 투철하고 성실하며 항상 맡은 바 임무에 최선을 다합니다.
면접관 추진력이 있나요?	
지원자 예.	
면접관 입사하게 되면 일을 열심히 할 겁니까?	면접관 입사하게 되면 우리 회사에 어떤 기여를 할 수 있습니까?
지원자 예.	
상담사 지난번 면담 이후로 특별히 하신 일이 있나요?	상담사 지난번 면담 이후로 어떤 일을 하셨는지 말씀해주시겠어요?
환자 아니요.	환자 (자세한 대답)
혹은	혹은
상담사 그 일 때문에 화가 났나요?	상담사 그 모습을 보니 어떤 기분이 들었나요?
환자 예.	환자 (자세한 대답)

● 침묵 활용하기

한 베테랑 첩보요원이 필자에게 자신이 첫 임무를 수행할 당시의
내용을 녹음한 테이프를 들려준 적이 있다. 그의 임무는 중요한 용
의자와 만나 특정한 정보를 유도해내는 것이었다. 용의자와의 만
남은 많은 공을 들여 어렵게 성사된 것이었고, 그 정보를 얻어내
느냐에 해외에서 진행 중인 임무의 성패가 달려 있었다. 20분 남
짓 되는 길이의 테이프에는 요원과 용의자 사이의 대화가 선명하
게 녹음되어 있었다. 문제는 당시 신입이었던 그 요원이 대화 내내
혼자서 초조하게 떠들었다는 점이다. 용의자는 거의 아무 말도 하
지 않았고, 사실 그럴 기회도 없었다. 대화는 온통 정보를 알아내
려 애쓰는 요원의 목소리로 채워져 있었다. 사실 정보유도 기술 자
체에는 큰 문제가 없었다. 잠시 말을 멈추고 용의자에게 말할 기회
를 주었다면, 그가 원하는 비밀 정보가 흘러나왔을지도 모른다. *

　이는 꼭 첩보원들의 세계에만 국한된 것이 아니다. 혼자서만 말
하다 정보유도를 그르친 이 요원처럼, 상담 시간 내내 환자의 말
은 제대로 듣지도 않고 혼자서 쉴 새 없이 떠드는 의사도 있다. 이
런 의사는 잘못된 진단을 내릴 가능성이 큰데, 이는 의학 지식의
부족보다는 대화 기술의 부족 때문이다. 정확한 진단을 내리려면

---

* 당시(2000년) 그 요원은 대중 연설과 의사소통 기술에 관한 강의에서 의사소통의
좋지 않은 예를 소개하며 그 녹음테이프 내용을 들려주었다.

환자의 이야기를 더 잘 듣고 정보를 수집해야 하며, 질문 후에는 환자(비밀 주체)가 질문을 이해하고 조리 있게 답할 수 있도록 잠시 시간을 주어야 한다.

상대에게서 우리가 원하는 정보를 이끌어내려 할 때에도 질문자의 말이 길어질수록 비밀 주체가 정보를 꺼내놓을 기회는 줄어든다. 대화 중 끼어드는 상대를 좋아하는 사람은 아무도 없으며, 끼어드는 것도 모자라 자기가 대신 말하려고 하는 사람은 그야말로 최악이다. 이러한 이유로 비밀 주체는 질문자가 떠드는 동안 입을 다물게 된다. 그러므로 상대에게 열린 질문을 던지거나 (3장에 소개 예정인) 대화의 '미끼hook'를 던지고 나서는 비밀 주체에게 답할 시간을 주고 그 답을 경청하는 것이 가장 좋다.

상대에게 질문을 던진 후 답을 조용히 경청하는 것만으로도 대화에 능하다는 인상을 줄 수 있다. 상대에게 말할 기회를 주고, 열심히 듣고, 성실하게 반응한다면, 그들은 자연스럽게 당신을 '좋아하게' 될 것이다. 보통 사람들은 자신이 좋아하는 사람과 비밀을 공유하고 싶어 한다.

이처럼 침묵은 직접 정보유도를 할 때 비밀 주체가 정보를 털어놓게 하는 중요한 도구다. 그뿐 아니라, 침묵은 비밀 주체가 입을 여는 원인이 되기도 한다. 대화가 멈추고 공백이 생기면 사람들은 그 공백을 채우기 위하여 말을 하거나 무슨 소리라도 내야 할 것 같은 기분을 느끼게 된다. 각종 행사나 프레젠테이션 등에서 발표자가 한 마디를 끝내고 다음 말을 하기 전 '음' 혹은 '아' 같은 소리를 내는 것을 들어본 적이 있을 것이다. 사람들이 이런 소리를 내는 가장 큰 이유는 불편한 침묵을 피하기 위해서다. 또 다른 이유는 발표의 주도권을 이어가기 위해서다. 침묵이 이어지면 청중에서 갑작스러운 질문이나 의견이 나올 수도 있는데, 발표자는 다음 말할 거리를 생각하는 동안 '음'이나 '아' 같은 소리를 내며 이를 막는다. 청중이 발표자의 침묵을 자신들이 말할 차례로 오해하는 것을 방지하기 위해서다.

누구나 대화 중 갑작스레 찾아오는 어색한 침묵을 한 번씩은 경험해봤을 것이다. 사람들은 이런 무거운 침묵을 좋아하지 않는다. 그래서 갑자기 대화가 멈추면 대화를 나누던 두 사람 중 한 명은 그 불편한 침묵을 깨기 위하여 무슨 말이라도 하게 된다. 좋든 싫든 뭔가 반응을 보이게 되는 것이다.

같은 원리로, 침묵을 활용하여 비밀 주체가 말을 하게 만드는 것도 가능하다. 침묵은 대화의 중요한 일부분이며 '의도적인 침묵'은 효과적인 정보유도 도구가 될 수 있다. 말을 마친 후의 의도적인 침묵은 우리가 말한 내용을 강조하는 효과도 있지만, 상대(비밀 주체)로 하여금 자신의 이야기를 꺼내놓게 만들기도 한다.

사람들이 대화 중 침묵을 몇 초 정도까지 견딜 수 있는지 알아보기 위한 실험이 실시된 적이 있다. 이 실험에 따르면, 언어, 문화, 개인의 성격에 따라 다르기는 하지만 대부분의 사람이 2초에서 3

초만 지나면 뭔가 말해야 한다는 압박감을 느꼈다고 한다.

대화 중의 긴 침묵은 양쪽 모두에게 부담감을 준다. 화자가 말을 끝내고 잠시 멈춘 후 그 말을 듣고 있던 청자를 바라보면, 청자는 답을 해야 한다는 압박감을 느낀다. 반대로 화자가 말을 마쳤는데 청자가 아무 말도 없이 바라보기만 하면, 화자는 자신의 말에 청자의 감정이 상한 것은 아닌지, 잘못된 부분이 있었던 것은 아닌지 걱정하게 되고, 결국 더 자세한 설명이나 정보를 덧붙인다. 후자의 현상을 정보유도 시에도 유용하게 활용할 수 있다.

비밀 주체가 말을 마치면 의도적으로 침묵을 지켜보자. 우리의 침묵에서 별다른 반응을 읽어내지 못한 비밀 주체는 다시 한 번 이야기해야겠다는 심리적인 압박감을 느낄 것이다. 단, 명심해야 할 점이 있는데 이 기술을 너무 자주 사용해서는 안 된다. 지나친 침묵은 상대를 불편하게 만들고, 그 결과 친밀감 형성을 방해할 수 있기 때문이다.

들키지 말고
정보를 얻어내라
: 간접 정보유도 기술

본질적으로 간접 정보유도는 직접 정보유도보다 은밀하게 이루어 진다. 직접 정보유도 시에 상대는 우리가 특정한 정보를 원한다는 사실과, 그 목적을 달성하기 위하여 상대에게 질문을 던진다는 사실을 인지하고 있다. 반면, 간접 정보유도의 가장 큰 목표는 상대에게 우리의 목적을 들키지 않고 필요한 정보를 얻어내는 것이다. 상대가 정보유도 대응 훈련을 받은 경우와 혹은 극도로 비밀스럽거나 내성적인 사람인 경우를 제외하면, 간접 정보유도는 대부분의 사람에게 효과를 발휘한다. 따라서 충분한 시간을 투자하고, 주의 깊게 준비한 대화를 이끌어가며 다양한 기술을 활용한다면 대부분의 숨은 정보에 접근할 수 있다.

정보를 유도하려면 그 과정에서 약간의 속임수가 필요한 경우가 많다. 단, 속임수라고는 해도 어디까지나 대화 중 상대와 의견이 어긋날 때 동조해주는 수준이다. 우리는 이런 '작은 선의의 거짓말'을 일상에서도 자연스럽게 활용하고 있다. 누구나 상대의 기분을 좋게 하고 협조를 구하려고 "새 헤어스타일이 참 잘 어울려요"라든가 "정말 살이 좀 빠진 것 같네요" 같은 말을 해 본 기억이 있을 것이다.

사람들이 일상에서 이런 말을 하는 이유는 불필요하게 상대의 감정을 상하게 하지 않기 위해서다. 간접 정보유도 또한 마찬가지다. 한 가지 작은 차이가 있다면 관계나 대화의 목적이 숨은 정보의 유도라는 점뿐이다.

수년 전 보디랭귀지가 의사소통의 새로운 분야로 떠올랐던 무렵에는, 상대의 관심을 끌거나 대화를 원활히 하기 위해 의도적으로 상대의 행동을 따라 하는 미러링mirroring(거울에 비친 것처럼 상대의 행동을 그대로 따라 하는 것 - 옮긴이)이나 개방형 보디랭귀지 등의 기술을 사용하는 것을 일종의 속임수로 간주하는 사람들도 있었다.

하지만 간접 정보유도는 상대를 악의적으로 속이는 것이 아니다. 오히려 적절히만 활용하면 자녀 양육, 학생 지도, 혹은 사업에 도움을 줄 수 있는 훌륭한 도구다. 자녀 양육을 예로 살펴보자. 대부분의 부모는 아이가 뭔가 잘못한 것 같은 낌새가 있으면 그 자리에서 곧바로 아이에게 자초지종을 묻는다. 앞서 소개한 직접 정보유도 기술을 활용해볼 수 있겠지만, 이마저도 실패할 때가 있다. 이럴 때 간접 정보유도가 힘을 발휘할 수 있다. 아이가 '뭔가 미심쩍은 일'을 꾸미고 있는 것 같을 때 적절한 전략을 활용하여 대화를 나누면, 우리가 알아야 할 정보를 얻어낼 수 있다.

간접 정보유도 기술은 데이트 시에도 유용하게 활용할 수 있으며, 상대와 짧은 시간 안에 유대감을 형성하는 데도 효과적이다.

또 직장생활이나 사업에서도 유용하다. 경쟁사의 주요 결정 시기, 마케팅 전략, 비밀리에 준비 중인 인사이동 등 핵심적인 정보나 기업 확장 계획, 승진 기회 등을 남들보다 먼저 알아낼 수 있기 때문이다. 요컨대 간접 정보유도를 적절히 활용하면 어려운 상황에서 자신을 더욱 효과적으로 보호하고, 사회생활이나 직장생활에서 남다른 경쟁력을 갖출 수 있다.

비밀요원을 훈련하는 일부 전문가들은 이 기술이 너무 복잡하기 때문에 일반인들이 활용하는 것은 무리라고 말할지도 모른다. 간접 정보유도가 복잡한 과정이라는 점에는 필자도 동의하며, 그렇기에 누구나 따라 할 수 있도록 단순화한 READ 정보유도 모델을 개발한 것이다. 단, 필자는 일반인들도 아래의 조건들만 갖춘다면 얼마든지 효과적으로 상대의 비밀을 해제해 낼 수 있다고 생각한다.

- 일반적인 수준의 지능
- 일반적인 수준의 대인관계 기술 (탁월한 대인관계 기술을 갖춘 이들이나 새로운 사람을 만나고 대화하는 것을 좋아하는 이들은 더 유리하다.)
- 일반적인 수준의 자신감
- 사람에 대한 관찰력 (상대에 대한 지각 능력이 뛰어나고, 사람을 관찰하는 것을 즐기는 사람이라면 더 유리하다. 단, 스토커는 곤란하다.)
- 삶에 대한 경험 (나이가 장점이 될 수 있다. 삶에 대한 경험이 없는 아

이들이 이러한 기술을 배우고 적용하는 것은 불가능할 것이다.)

- (이 책에 소개된) 기본적인 지식과 기술을 습득하려는 의지
- 사람들에게 말을 걸고 이러한 기술을 연습해보려는 각오

전체에 해당하지 않는다고 너무 실망하지는 말자. 필자가 아는 사람 중에는 성격이 꽤나 내성적이지만 간단한 지식과 훈련으로 실제 훌륭한 정보유도 능력을 갖추게 된 사람도 있으니 말이다.

간접 정보유도는 다음과 같은 상황에서 활용할 수 있다.

- 박람회나 콘퍼런스에서 경쟁 업체(비밀 주체)를 만나 사업에 도움이 될 만한 내부 정보를 얻고자 하는 경우
- 경찰, 직장 내부 조사관, 변호사, 사설탐정 등이 용의자, 증인, 정보원에게서 추가적인 정보를 얻고자 하는 경우
- 의사, 간호사, 긴급 의료원, 상담사 등이 환자의 억눌린 기억 혹은 떠올리기 괴로운 기억을 통하여 치료를 위한 정보를 얻고자 하는 경우
- 협상 전문가가 일상적인 대화에서 상대방의 주요 정보를 이끌어내고자 하는 경우
- 영업에서는 판매자와 구매자 양쪽 모두가 간접 정보유도를 활용할 수 있다. 판매자의 경우 간접 정보유도를 통하여 구매자에 대한 정보를 알아내 이에 맞춘 판매 전략으로 영업 성공률을 높일 수 있고, 구매자의 경우 '실제' 최저가격을 알아내

기 위하여 이 기술을 사용할 수 있다.

- 집을 사려는 사람은 인근 주민들과 대화를 나누며 간접 정보 유도를 사용하여 주변의 실제 생활 여건이 어떤지 알아볼 수 있다.
- 자녀의 보모나 과외 교사를 채용할 때, 상대가 아이를 돌보기 에 적합한 사람인지 알아보기 위하여 간접 정보유도를 사용 할 수 있다.

이해를 돕기 위하여 간접 정보유도를 활용할 수 있는 경우를 몇 가지 사례로 들어보았는데, 이 기술의 실제 활용 범위는 상상을 초 월한다.

다시 말해, 간접 정보유도는 상대에게 우리의 의도를 알리지 않 고 숨은 정보를 얻어내야 하는 모든 상황에서 활용할 수 있다.

그럼 이제부터 비밀 주체가 숨은 정보를 털어놓도록 은근히 자 극할 수 있는 효과적인 간접 정보유도 기술들도 함께 살펴보자. 간접 정보유도를 통하여 상대의 정보를 얻어 내려면 '호감', '공감 대', '심리적 미러링psychological mirroring'를 활용하여 상대에게 '특별 한 사람'이 되어야 한다.

● 상대에게 '특별한 사람' 되기

앞서 살펴본 바와 같이, 일반인들도 충분히 스파이나 비밀요원의 핵심 기술을 차용하여 일상생활에서 자신을 보호하고 경쟁력을 강화할 수 있다. 물론 스파이들과는 달리 우리 일반인들은 상대의 '입을 열기' 위해 펜토탈나트륨이나 아미탈나트륨 같은 자백 유도제를 사용할 수도 없고, 절대 그래서도 안 된다. 우리가 사용해야할 것은 대화 기술과 '정보유도 낚싯줄'이다. 이러한 기술만 잘 활용해도 상대가 자발적으로 정확한 정보를 털어놓게 할 수 있다.

다행히도 인간의 본성과 비밀의 본질은 우리 편이다. 사람에게는 비밀을 공유하려는 본질적이고 내재적인 충동이 있다. 즉, 정보공유는 인간의 본능적인 욕구다. 실제로 사람들이 비밀을 아무에게도 말하지 않는 경우는 드물며, 한 사람 이상에게 말하는 경우도 흔하다. 최근 진행된 한 연구에서도 사람들이 비밀을 자신만의 것으로 지키는 경우가 극히 드물다는 사실이 밝혀졌다. 이 연구에서는 87%에서 96%에 이르는 응답자가 자신의 감정적인 경험을 비밀로 하기보다는 주변 사람들과 나누는 것으로 드러났다.

정보를 공유하고자 하는 인간의 본능은 새로운 관점을 찾고 정보를 '내려놓아' 심리적 부담감을 덜기 위한 자연스러운 욕구다. 바로 이 본능 때문에 사람들은 비밀을 혼자서만 간직하지 못한다. 대부분의 사람들은 상황만 적절하다면 한 명 이상의 타인에게 자신의 비밀을 털어놓는다.

상대의 정보에 접근하려면 비밀을 털어놓고 싶게 만드는 적당한 환경과 관계를 조성해야 한다. 즉, 비밀 주체가 비밀을 털어놓고 싶은 '특별한 사람'이 되어야 하는 것이다.

● 강요가 아닌 구슬리기

강압적인 언어와 행동으로는 상대에게 '특별한 사람'이 될 수 없다. 경쟁자에게 다가가 대뜸 프로젝트 입찰가격이나 고객 명단을 내놓으라고 하면 상대가 순순히 응할까? 어느 날 갑자기 직장상사에게 경영 기밀이나 정리해고 계획을 알려달라고 하면 상대가 이런 정보를 알려줄까? 당연히 그럴 리 없을 것이다.

의사나 심리학자, 상담사의 경우도 마찬가지다. 환자의 입장에서는 말하기 힘든 내밀한 비밀을 그저 닦달한다고 털어놓지는 않을 것이다. 이러한 경우에는 강압적으로 정보를 요구할 게 아니라 상대를 잘 구슬리고 설득해야 한다. 이는 어느 정도 신뢰가 쌓이고 비밀이 보장된 의사와 환자 사이에서도 마찬가지다. 의사나 변호사를 찾아갔는데, 상대가 사적인 질문을 지나치게 많이 던지고 전혀 호감이 가지 않는 인물이라면 비밀을 털어놓기는커녕 경계심만 높아질 것이다. 이런 경우, 많은 사람들은 법적으로 비밀이 보장된다고 하더라도 자신의 비밀을 털어놓기 껄끄러워한다. 그 이유가 무엇일까? 바로 눈앞의 전문가가 비밀을 털어놓고 싶은 '특별한 사람'이 아니기 때문이다. 사람들은 이런 경우 비밀을 전부 털어놓지 않는다.

비밀 주체가 비밀을 털어놓고 싶은 상대가 되려면 먼저 사람들이 주로 어떤 이들에게 비밀을 털어놓는지 알아야 한다. 그래야만 비밀 주체의 마음속에서 특별한 사람이 될 수 있다. 사람들이 비밀을 감추고 털어놓는 행위를 파악하기 위하여 70명을 대상으로 진행된 연구가 있는데, 그 결과를 살펴보면 비밀을 털어놓고 싶은 사람이 되는 법을 알 수 있다.

우선 익명으로 진행된 설문에 답한 70명 중 41명이 타인에게 숨긴 비밀이 있다고 답했다.* 하지만 그 비밀을 아무에게도 말하지 않았다고 대답한 것은 그 41명의 응답자 중 오직 4명뿐이었다. 비밀을 가진 이 중 90%가 적어도 한 명의 타인에게 밝혔던 것이다. 이 결과는 대부분의 사람이 자신의 비밀을 누군가에게 털어놓는다는 앞의 내용과도 일맥상통한다. 연구 결과, 감정적으로 가까운 사람에게 비밀을 털어놓는 경우가 가장 많았다. 비밀을 털어놓는 대상을 물은 질문에는 '절친한 친구'를 꼽은 응답자가 가장 많았고, 가족, 배우자, 동료는 이보다 적었다. 놀라운 사실은 '절친한 친

---

* 설문은 4개월의 시간을 두고 1, 2차로 나누어 진행되었고, 이 수치는 1차 설문의 결과다. 그러나 나머지 응답자가 비밀이 없다고 답한 것은 필자가 보기에도 매우 의심스럽다.

구'라는 응답이 가족이나 배우자보다 세 배가량 많았다는 점이다.

● 누구에게 비밀을 말하는가

비밀을 털어놓는 대상으로 친구를 가장 많이 꼽았다는 것은 우리에게 희소식이 아닐 수 없다. 상대의 비밀 정보에 접근하기 위하여 하루아침에 가족이 되거나 결혼을 하는 것은 아무래도 불가능하기 때문이다. 물론 국제적인 첩보 작전에서는 이와 비슷한 일이 벌어진 적도 있기는 하지만, 어쨌든 결론은 상대의 친구가 되는 것만으로도 정보에 접근할 가능성이 더 높아진다는 것이다.

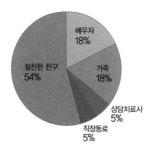

비밀 주체가 비밀을 털어놓고 싶어 하는 친구, 곧 '특별한 사람'이 되려면 다음의 것들이 필요하다.

1. 호감
2. 공감대

● 호감 얻기

사람들은 자신이 '좋아하는' 사람과 사적이고 은밀한 정보를 나눈다. 그러므로 비밀 주체의 호감이 높아질수록 그들의 '특별한 사람'이 될 가능성이 높아진다. '정보유도 낚싯줄'이 아무리 훌륭해도 상대가 우리를 좋아하지 않으면 원하는 정보에 접근할 수가 없다. 사람들이 처음 만난 상대의 인상을 결정하는 데까지 걸리는 시간은 그리 길지 않다. 그러므로 우리는 상대에게 긍정적이고 일관된 첫인상과 끝인상을 주어야 한다. 이렇게 하려면 상대의 말에 동의하고 감정을 나누며 좋은 첫인상을 주고, 대화를 마칠 때에도 긍정적인 인상으로 마무리해야 한다. 상대에게 호감을 주는 행동을 하면 처음 관계가 형성되는 시점뿐 아니라 앞으로 이어질 대화에서도 솔직하고 열린 의사소통을 할 수 있다.

사람들은 대부분 어떻게 해야 상대에게 호감을 살 수 있는지 본능적으로 알고 있으며, 필요할 때 매력적인 대인관계 기술을 발휘한다. 이러한 능력은 매우 어린 시절부터 개발된다. 아이들이 눈 깜짝할 사이에 천사와 악마, 심술쟁이와 귀염둥이, 말썽꾸러기와 착한 아이의 경계를 넘나드는 것을 보면 알 수 있다. 이러한 능력은 성장하면서 더욱 개발되어 성인기에 이르러서는 대부분의 사람이 타인의 호감을 사는 법을 알게 된다. 물론 사람에 따라 호감의 지속 시간은 짧을 수도 있지만, 마음만 먹으면 주차 단속원이나 세금 징수원도 상대의 호감을 살 수 있다(아마 그럴 것이다).

상대의 호감을 사는 본능적인 능력을 활용하면 쉽게 비밀 주체와의 바람직한 관계 형성을 위한 첫걸음을 뗄 수 있을 것이다. 그러나 이것만으로는 부족하다. 비밀 주체가 자신의 비밀을 털어놓게 만들 수 있는 가장 빠른 방법은 바로 감정적 공감대를 형성하는 것이다.

● 공감대 형성하기

감정적 공감대는 두 사람이 같은 관심사나 유머 감각 등 공통점이 있는 경우에 형성된다. 특히 둘의 처지가 비슷한 경우에는 공감대의 형성이 더 빠른데, 이는 둘이 느끼는 감정이 유사하기 때문이다. 예를 들어 비밀 주체와 비밀 객체가 함께 줄을 서서 뭔가를 하염없이 기다리고 있다고 하자. 이때 비밀 객체가 무슨 줄이 이렇게 기냐며 주체에게 농담을 던진다. 객체의 농담에 주체가 웃으면, 둘 사이에는 감정적 공감대가 형성된다. 만약 농담이 통하지 않는다고 하더라도, 주체는 상대와 자신이 같은 감정(불만)을 품고 있다는 사실을 (마음속으로라도) 인정할 것이다.

사람들은 자신과 비슷한 사람에게 친밀감을 느끼고 이들과 더 적극적으로 소통한다. 위의 예에서 비밀 객체는 자신이 비밀 주체와 같은 감정을 느끼고 있다고 알림으로써 서로의 공통점을 보여주었고, 이를 통해 일종의 정신적 동맹을 만들어냈다. 이렇게 되면 비밀 주체는 마음속으로 객체가 자신과 비슷한 방식으로 생각하고 상황을 받아들인다고 여겨 감정적 공감대가 형성된다. 아주 강력한 공감대는 아니지만, 서로 공유하는 감정이 있다는 것만으로도 좋은 출발점임은 틀림없다. 이러한 과정을 의도적으로 시행하는 것이 바로 '심리적 미러링Psychological mirroring'이다.

심리적 미러링은 '사람은 자신과 비슷한 사람을 좋아한다'는 전제에서 시작한다. 심리학적 연구에 따르면 사람들은 자신과 비슷한 나이, 가치관, 신념, 문화 등을 가진 사람과 더욱 쉽게 정보를 나눈다고 한다. 물론 그렇다고 우리와 공통점이 없는 사람과의 대화가 불가능하거나 유쾌하지 않다는 말은 아니다. 단지 대부분의 경우, 우리와 유사한 무언가를 가진 사람과 정보를 나누는 것을 더 편안하게 느낀다는 것이다. 반드시 큰 공통점이 있어야 하는 것은 아니다. 예를 들어 서로의 문화가 다르더라도 같은 교회나 체육관에 다닌다거나, 정치적 견해가 비슷하다는 공통점이 있으면 두 사람은 금세 가까워질 수 있다. 물론 둘 중 한 명이 서로의 차이점을 끊임없이 지적한다면 얘기는 달라진다. 이 경우, 의사소통이 어려워져서 정보의 흐름은 막힐 것이다.

또 한 가지 흥미로운 연구 결과가 있다. 설문조사를 위한 질문지를 보낼 때 봉투의 발신자 란에 수신자의 이름과 유사한 이름을 써넣을 경우, 응답률이 더 높았다는 것이다. 예를 들어, 수신자의 이름이 조앤 리드Joan Read라면 발신자의 이름은 존 레디John Ready라는 (가짜) 이름을 사용하는 식이었다. 이렇게 비슷한 이름을 사용하자, 수신인의 응답률은 30%에서 56%로 올랐다. 단지 봉투에 적은 이름을 바꿨을 뿐, 수신자와의 의사소통에서 다른 변화는 전혀 없었는데도 이런 결과가 나타난 것이다. 그러니 상대를 직접 만나 시행하는 심리적 미러링의 영향력이 얼마나 클지는 말하지 않아도 알 수 있을 것이다.

상대방의 몸짓을 따라 하는 '신체적 미러링'이 의사소통을 더욱 원활하게 한다는 연구 결과는 이미 많이 나와 있다. 최근의 또 다른 연구에 따르면 협상 상황에서 행동 미러링behaviour mirroring을 활용할 경우, 상대에게 신뢰감을 주어서 더 많은 상세 정보를 얻어낼 수 있다고 한다. 미러링이 영업 성공률을 12.5%에서 무려 67%로 끌어올렸다는 연구도 있다.

심리적 미러링은 이러한 개념을 한 단계 더 발전시켜 사람들이 자신과 비슷한 사람을 좋아하는 심리적 경향을 활용한다. 비밀 주체와 같은 상황에서 같은 감정을 느끼고 있다는 점을 보여줌으로써 감정적 공감대를 형성하는 것이다. 이 경우, 보디랭귀지와는 달리 상대의 행동을 따라 하는 것은 크게 중요하지 않다. 중요한 것은 비밀 주체의 심리 상태를 미러링하는 것이다.

심리적 미러링은 의도적으로 비밀 주체와 같은 시간에 같은 감정을 보이고 나누는 것이다. 이러한 기술은 처음 보는 두 사람 사이에도 빠르게 감정적 친밀감을 형성해주고, 정보의 자유로운 흐름 또한 가능하게 한다.

모든 정보유도 상황에서는 우리가 상대의 감정을 이해하며, 그 감정에 공감하고 있다는 사실을 말과 행동으로 분명하게 표현하는 것이 중요하다. 상황 자체가 어떤지는 중요하지 않다. 행복하거나 슬픈 상황일 수도 있고, 흥분되거나 재미있는 상황일 수도 있다. 가장 중요한 것은 그 상황에 대하여 비밀 주체가 느끼는 감정을 우리가 이해하고 있다는 점을 보여주는 것이다.

이를 위한 한 가지 방법은 상대와 같은 단어나 표현을 사용하는 것이다. 예를 들어 비밀 주체가 "오늘 정말 덥네요"라고 말하면 그에 대한 답은 "맞아요, 정말 더워요"가 되어야지 "습도가 참 높네요"라고 답하면 곤란하다. '습도'라는 다른 단어를 사용하면 상대는 우리가 같은 상황을 다르게 인식한다고 생각하거나, 일부러 더 기술적인 단어를 사용하여 잘난척하려 한다고 생각할지도 모른다. 둘 중 어떤 경우든 비밀 주체에게 더 가까이 다가가기가 어려워진다.

대화 중 비밀 주체와 같은 단어나 표현을 사용하면 둘 사이의 공통점을 강조할 수 있다.

독자들도 잘 생각해보면 서로 모르는 여러 사람이 같은 감정적 경험을 하게 된 일이 하나쯤 떠오를 것이다. 공항 출발 라운지에서 장시간 대기했던 경험도 좋고, 버스나 비행기가 고장 나거나 우회하는 바람에 발이 묶였던 경험도 좋다. 레스토랑에서 이상하게 당신이 앉은 테이블과 옆 테이블만 음식이 늦게 나왔던 적은 없는가? 이런 상황에서 낯선 이가 당신에게 친절을 베풀었다고 생각해보자. 예를 들어 공항 출발 라운지에서 무료하게 있는 당신에게 잡지를 빌려주거나, 가족에게 변경된 도착 시각을 알릴 수 있도록 휴대폰을 빌려준 것이다. 이러한 행동은 같은 처지인 사람으로서 같은 감정을 느끼고 공감하고 있음을 보여준다. 만약 며칠 후 이 사람과 다시 마주친다면 친근한 느낌이 들지 않을까? 고개를 가볍게 숙여 인사하거나, 작은 미소를 보내거나, 어쨌든 적어도 아는 척은 할 것이다. 이는 (약하기는 하지만) 같은 경험을 하며 동료의식이 생겼기 때문이다. 당신은 상대의 친절한 행동에 호감을 느끼게 되고, 같은 시간 같은 상황에서 같은 감정을 느꼈다는 감정적 공감대를 형성하게 된다.

사람들은 이러한 상황에서 심리적 동질감을 느껴서 같은 고난에 대항하는 같은 편이 되었다고 느낀다. 이와 같은 현상은 직장 내 흡연자 그룹에서도 나타난다. 이들은 사무실 밖으로 나와 한쪽 구석에서 담배를 피우며 감정적 유대를 형성하고, 정보 또한 훨씬 편하게 나눈다. 혹자에게는 이상하게 보일 수 있지만, 바로 이런 공통된 경험 속에서 평생 갈 친구를 찾게 되는 경우도 있다. 이러한 이유로 직장에서 팀워크 훈련을 할 때에도 같은 경험을 공유하게 하여 팀원들 간에 유대감을 형성하는 것이다.

비극적인 사건이나 어려운 일을 겪었을 때 경찰, 응급대원, 군인들 간에 나타나는 동지애 또한 같은 맥락에서 볼 수 있다. 이들은 함께 같은 감정을 겪으며 감정적 유대를 쌓는다. 심리적 미러링은 바로 이러한 효과를 차용한 것이다.

상대의 경험이 부정적인지 긍정적인지는 중요하지 않다. 중요한 것은 우리가 '같은' 감정적 경험을 하고 있다는 사실을 상대에게 분명하고 명확하게 보여주는 것이다. 이러한 행동은 비밀 주체와 우리의 감정적 거리를 좁혀주어 관계의 친밀감을 향상시킨다. 그 결과, 더 가깝고 사적인 대화를 나눌 준비가 되는 것이다.

어느 날, 필자가 탔던 엘리베이터에서 일어난 일이다. 엘리베이터에는 필자 말고도 여러 명이 타고 있었는데, 그중에는 한 할머니와 양복을 입은 사업가가 있었다. 그런데 갑자기 엘리베이터가 멈춰 서고 말았다. 멈춘 엘리베이터에 갇힌 상황을 좋아할 만한 사람은 아무도 없을 것이다. 자연히 안에 타고 있던 다양한 사람들이 다양하게 반응하기 시작했다. 처음 몇 분간은 엘리베이터가 다시 움직이기를 기다리며 모두 가만히 있었다. 그러나 움직일 기미가 없자 어떤 사람이 비상벨을 누르고 경비원에게 상황을 알렸고, 경비원은 곧 기술자를 보내 엘리베이터를 고쳐주겠다고 말했다

몇 분 후, 할머니는 불안감과 두려움을 보이기 시작했고, 양복을 입은 남자는 계속해서 시계를 보며 씩씩거리기 시작했다. 시간에 맞춰 가야 할 곳이 있는 모양이었다. 필자는 약속에 좀 늦을 것 같기는 했지만 그 외에 특별히 불편할 것은 없었다. 어쨌든

필자는 할머니를 보며 "이런 상황에서는 저도 좀 긴장하는 편이에요. 아무래도 불안하긴 하니까요(심리적 미러링 1)"라고 말했다. 할머니는 자기도 그렇다고 말했고 필자는 다시 그녀에게 "아마 다들 그럴 거예요(보편화 발언)"라고 말하고는 "그래도 곧 다시 움직일 테니 걱정하지 않아도 될 거예요(안심 발언)"라고 덧붙였다. 필자의 말을 들은 할머니는 진심 어린 미소를 지었다.

잠시 후, 필자는 남자에게로 몸을 돌리며 심리적 거울을 그에게 맞춰 조정했다. 그리고 "이런 일이 있으면 참 불편하고 짜증 나요. 병원에 가야 하는데 늦을지도 모르겠네요"라고 말했다. 남자는 여전히 굳은 얼굴로 자신은 공항에 가는 길이라고 답했다. 필자는 다시 "21세기라고들 하는데 똑바로 가는 쇼핑 카트나 고장 안 나는 엘리베이터 하나 못 만들다니 한심하기 짝이 없죠"라고 말했다. 몇 번 더 말을 주고받고 나서 남자의 기분이 나아지고 있는 것이 보였다. 이 모습을 본 필자는 다시 한 번 남자의 감정을 살펴 좀 더 가벼운 대화를 시도했고, 남자의 기분은 더 밝아졌다.

잠시 후, 남자의 옆에 있는 스피커에서 곧 엘리베이터가 다시 움직일 거라는 기술자의 목소리가 흘러나왔다. 필자는 마치 맥도날드 드라이브 스루에 온 것처럼 남자에게 "저는 치즈버거 세트로 주문해주세요"라고 말했고, 그는 이 말에 웃음을 터뜨렸다. 그러더니 필자가 묻지 않았는데도 중요한 투자자와의 회의가 있어서 비행기를 놓치면 안 된다는 이야기를 꺼냈다. 이는 그가 엘리베이터에 대한 불만으로 시작하여 유쾌한 농담으로 마무리한 심리적 미러링을 통하여 필자와 같은 감정을 공유한다는 느낌을 받았기 때문이다. 이제 그는 더 이상 비밀 주체가 아니었다. 필자는 그의 사업 계획에 별 관심이 없었지만, 만약 관심이 있었다면 정보유도를 시작할 수 있었을 것이다.

몇 분 후 엘리베이터가 움직이자 모두의 기분이 좋아졌다. 1층에 도착하자 시간에 쫓기는 상황이었음에도 그 사업가는 내게 따로 인사를 하며 악수를 청했다. 15분 전 엘리베이터에 오를 때는 타고 있던 누구에게도 아는 체를 하지 않았던 사람이 1초가 급한 상황에서 필자에게 악수를 청한 이유는 무엇일까? 그것은, 우리가 더 이상 낯선 사이가 아니었기 때문이다. 심리적 미러링으로 형성된 감정적 공감대가 있었으니 말이다.

이 일이 있은 지 얼마 안 돼서 그를 다시 만났다면, 아마 우리의 대화는 조금 더 친근한 방식으로 시작됐을 것이다. 그런데 이런 유대감은 시간이 지나면서 흐려진다. 엘리베이터 안에서 대화를 마무리했을 때처럼 친밀감을 다시 불러일으키려면 '정보유도 미끼'와 '연결포인트'를 활용하는 것이 좋다(3장에서 자세히 설명할 예정). 예를 들어, "혹시 못 본 사이에 또 엘리베이터에 갇힌 건 아니죠?"라는 말은 마치 미끼처럼 상대의 주의를 한 번에 확 끌어올 것이다. 거기에 "제 치즈버거 세트는 아직이에요?"라는 농담을 곁들이면, 지난번 대화의 마지막을 장식했던 재미있는 상황과 새롭게 시작되는 대화를 자연스럽게 연결할 수 있다.

필자는 건물을 나서며 할머니에게도 인사를 건넸고, 그녀는 도 와줘서 고맙다고 친절하게 말했다. 할머니의 경우 비밀을 알아 내기 위한 것이 아니라 안심시키기 위한 심리적 미러링이었지만, 어쨌든 그 결과 감정적 공감대가 형성된 것이다.

이번 장을 요약하자면 이렇다. 사람들은 적어도 다른 한 사람 과는 자신의 비밀을 나눈다. 그러므로 상대의 '호감'을 사고, '심리 적 미러링'을 통하여 상대와 같은 감정을 느끼고 있다는 점을 보여 준다면, 상대와 '감정적 유대감'을 형성하여 비밀을 털어놓고 싶은 '특별한 사람'이 될 수 있을 것이다.

상대의 경험이 부정적인지 긍정적인지는
중요하지 않다. 중요한 것은 우리가 '같은'
감정적 경험을 하고 있다는 사실을 상대
에게 분명하고 명확하게 보여주는 것이다.

독자들의 기억을 돕고, 원하는 때에 쉽게 찾아볼 수 있도록 Chapter 2에 등장한 주요 내용을 아래와 같이 정리해보았다.

- 정보유도는 상대에게서 특정한 정보를 얻어낼 목적으로 의도적으로 수행하는 대화다. 즉, 정보 획득이라는 목적을 가진 대화다.
- 정보유도 기술을 능숙하게 활용한다면, 상대에게 드러내놓고 물어볼 경우 절대 얻을 수 없을 정보를 얻을 수 있다.
- 정보유도는 생활의 일부로, 이를 잘 활용하면 자신을 효과적으로 보호하고 경쟁력을 갖출 수 있다.
- 정보유도는 겁을 주어 강제로 정보를 빼앗는 것도, 상대로 하여금 정보를 조작하게 하는 것도 아니다. 단지 비밀의 베일에 싸여 있는 진실을 밝혀내는 작업일 뿐이다.
- 정보유도에서 가장 중요한 것은 비밀 주체와의 친밀감 형성이다.
- 정보유도를 제대로 시행하면 비밀 주체에게도 비밀 객체(우리)에게도 그저 즐거운 대화로 느껴질 것이다.

● 직접 정보유도

- 직접 정보유도는 상대의 비밀 정보에 접근하고자 하는 우리의 의도를 직접적으로 밝히고 진행하는 방식이다. 이러한 방식의 정보유도는 형식이 갖춰진 면담이나 조사 등의 환경에서 주로 활용하지만, 조금 더 자유로운 환경에서도 쓸 수 있다. 어찌 되었든, 우리의 의도를 아는 상대에게 여러 가지 질문을 던지는 과정임에는 변함이 없다.
- 직접 정보유도는 아래와 같은 상황에서 활용할 수 있다.
  - 아이가 어떤 사건을 목격했는데 친구를 고자질하거나 자기 잘못을 들킬까 봐 말을 하려 하지 않을 때
  - 부모, 교사, 상담사, 의료진 등이 상대방의 치료를 돕기 위하여 범죄 피해, 교통사고, 따돌림, 사별 등 충격적인 사건의 경험 여부를 물을 때
  - 환자가 자발적으로 밝히려 하지 않는 약물 사용, 흡연, 섭식 장애, 과음 등의 사실에 대하여 의사가 물을 때
  - 경찰이나 수사관 등이 용의자, 정보원, 목격자 등을 심문할 때
- 직접 정보유도 전략에는 아래와 같은 것들이 있다.
  - **막다른 곳으로 몰지 않기** : 질문을 던질 때에 여지를 주면 상대를 막다른 곳으로 모는 것을 막을 수 있다.
  - **권위의 장벽을 허물고 감정적인 공감 표하기** : 이를 통하여 상대와의 친밀감을 빠르게 구축하고, 상대의 마음을 열 수 있다.

- **열린 질문 활용하기** : 이렇게 하면 상대가 단순히 '예', '아니요'로 답하여 대화가 종료되는 것을 막을 수 있다.
- **침묵 활용하기** : 우리가 침묵을 지키면 상대는 말하기 시작한다.
- 직접 정보유도 시에는 권위에 의존하여 비밀 주체에게서 억지로 정보를 얻어내려 해서는 안 된다. 연구 결과에 따르면, 상대에게 공감과 진정성을 보이는 사람이 비밀 정보에 접근할 가능성이 더 높다고 한다.

● **간접 정보유도**

- 본질적으로 간접 정보유도는 직접 정보유도보다 은밀하게 이루어진다. 간접 정보유도에서 가장 중요한 것은 상대에게 우리의 목적을 들키지 않고 필요한 정보를 얻어내는 것이다.
- 간접 정보유도는 자녀 양육, 학생 지도, 사업 계획, 사회생활 등 여러 측면에서 활용되는 중요한 도구다.
- 간접 정보유도는 아래와 같은 상황에서 활용할 수 있다.
  - 박람회나 콘퍼런스에서 경쟁 업체(비밀 주체)를 만나 사업에 도움이 될 만한 내부 정보를 얻고자 하는 경우
  - 경찰, 직장 내부 조사관, 변호사, 사설탐정 등이 용의자, 증인, 정보원에게서 추가적인 정보를 얻고자 하는 경우
  - 의사, 간호사, 긴급 의료원, 상담사 등이 환자의 억눌린 기억

혹은 떠올리기 괴로운 기억을 통하여 치료를 위한 정보를 얻
고자 하는 경우

- 협상 전문가가 일상적인 대화에서 상대방의 주요 정보를 이끌
어내고자 하는 경우

• 간접 정보유도에 성공하려면 아래의 전략을 활용하여 상대의
'특별한 사람'이 되어야 한다.

- **호감** : 사람들은 자신이 '좋아하는' 사람과 사적이고 은밀한 정
보를 나눈다. 그러므로 비밀 주체의 호감이 높아질수록 그들
의 '특별한 사람'이 될 가능성이 높아진다.

- **공감대** : 감정적 공감대는 두 사람이 같은 관심사나 유머 감각
등 공통점을 가지고 있는 경우에 형성된다. 둘의 처지가 비슷한
경우에는 공감대의 형성이 더 빠른데, 그것은 바로 둘이 느끼는
감정이 유사하기 때문이다.

- **심리적 미러링** : 비슷한 감정을 겪은 사람들은 감정적 유대감을
형성한다. 심리적 미러링은 이 원리를 차용하여 서로 전혀 모
르는 두 사람 사이에 빠르게 유대감을 형성할 수 있게 해준다.

• 상대의 정보를 해제하고자 할 때 가장 큰 적은 진정성이 없는
가식적인 모습이다. 반면 가장 큰 자산은 상대의 호감과 감정
적 공감대다.

• 감정적 공감대는 시간이 지나며 약해진다. 일단 공감대를 형성
하고 나면 가까운 시일 안에 상대를 다시 만나 조금 더 장기적
으로 정보를 공유할 수 있는 관계로 발전시키는 것이 중요하다.

Chapter 3.

비밀을 털어놓도록 유도하는 전략들

이번 장에서는 비밀 주체의 관심을 끌어 이들이 대화에 참여하게 하는 법을 알아보도록 하자.

대부분의 사람이 한 사람 이상의 타인에게 자신의 비밀을 털어 놓는다는 것은 앞에서도 이미 언급한 바 있다. 사람들이 비밀을 말 하는 상대는 절친한 친구 혹은 친밀함과 호감을 느끼는 인물이다. 비밀 주체에게 이런 인물이 되는 가장 빠르고 효과적인 방법은 바 로 대화를 통해 친밀감을 형성하는 것이다.

정보유도 시에는 다음에 소개한 세 가지 도구를 단계적으로 활 용하면 비밀 주체의 대화 참여를 빠르게 이끌어낼 수 있다.

- 정보유도 미끼 : 단숨에 상대를 대화로 끌어들이는 대화의 미끼
- 정보유도 낚싯줄 : 미끼를 활용하여 상대를 끌어들인 다음, 대화

를 이어가며 마음을 열게 하는 기술 혹은 전략

- 정보유도 연결포인트 : 비밀 주체와의 첫 대화 시 형성된 긍정적인 느낌과 친밀감을 두 번째 대화로 연결해주는 도구

앞으로 이어질 내용에서는 각각의 도구를 더욱 자세히 살펴볼 것이다. 천천히 읽어 내려가다 보면 이러한 도구를 효과적으로 활용하는 것이 생각보다 쉽다는 사실을 깨닫게 될 것이다. 물론 인간의 심리는 복잡하기 때문에 모든 경우에 통하는 만병통치약 식의 정보유도 기술은 없다. 상황과 상대에 따라 필요한 기술이 다르므로 정보유도 성공 확률을 최대화하려면 다양한 심리적 도구를 접할 필요가 있다. 독자들은 앞으로 소개될 다양한 도구 중 비밀 주체와의 관계, 만남의 환경, 원하는 정보의 종류에 따라 가장 적합한 맞춤형 전략을 선택하면 된다.

이 책에 소개된 세 단계를 따라가다 보면 분명 상대와 놀랍도록 빠른 속도로 가까워져서 상대가 비밀을 털어놓고 싶어 하는 특별한 사람이 될 수 있을 것이다.

게다가 이러한 기술은 정보유도 시뿐만 아니라 일상생활에서 인맥을 쌓고 인간관계를 관리하는 데에도 유용한 도구가 되어줄 수 있다.

상대에게
적합한
미끼 고르기

'정보유도 미끼'는 상대의 주의를 끌어 단숨에 대화로 끌어들이는 일종의 대화 기술이다. 서로 인사를 나눈 선에서 대화가 끝나지 않고 이어지게 하려면 상대의 반응과 대답을 이끌어낼 수 있는 미끼를 던져야 한다. 정보유도 미끼는 아래와 같은 두 부분으로 구성된다.

1. 상대가 동의할만한 말
2. 그 말과 관련된 질문 (우리가 던진 질문에 상대가 답하게 함으로써 대화를 시작할 수 있다.)

가장 적합한 미끼를 고르려면 우리의 본능과 경험, 관찰력을 총동원하여 눈앞의 상대에게 현재 가장 중요한 것이 무엇인지를 파악해야 한다. 그래야만 상대가 동의할만한 말로 주의를 끌고 그에 관련된 질문을 던져 답을 끌어낼 수 있다. 아래의 예를 읽어보면, 미끼 고르기가 생각보다 어렵지 않다는 사실을 알 수 있을 것이다.

미끼를 던질 때 가장 흔하게 선택할 수 있는 주제로는 날씨 얘기가 있다. 단, 우리가 자주 하는 대로 그저 "날씨가 춥네요"라고 말하는 것만으로는 부족하다. 미끼의 중요한 구성 요소인 질문이 빠져 있기 때문이다. 이런 경우, 대화는 상대의 "네"라는 대답과 함께 싱겁게 끝나버릴 가능성이 높다. 반드시 질문을 활용해야 대화가 흘러가도록 할 수 있다.

똑같은 날씨 얘기에 작은 변화를 주어 상대의 의견을 물으면 효과적인 미끼로 활용할 수 있다. 바로 이렇게 말이다. "날씨가 춥네요. 작년에도 이렇게 추웠던가요?" 물론 이런 식의 미끼는 (다른 일을 생각하느라 날씨에는 신경 쓸 틈도 없이) 바쁜 사람에게는 전혀 먹히지 않을 것이다. (춥다는 생각을 할 리가 없는) 따뜻한 곳에 있는 사람에게도 효과가 없으리라는 것은 뻔하다. 그러나 추운 날 버스 정류장에서 버스를 기다리는 사람에게는 충분히 통할 만한 미끼다. 버스를 기다리느라 시간도 있고, 그 순간 춥다는 생각이 머리를 채우고 있을 가능성이 높기 때문이다.

당신은 회사 사람들과 함께 점심을 먹으러 가는 길이다. 일행 중에는 인사 평가 업무를 위해 시드니 본사에서 파견 온 고위 담당자가 함께 있는데, 그녀는 조금 전에 CEO에게 인사 보고서를 제출하고 왔다. 회사 측은 이 인사 보고서를 바탕으로 대대적인 인력 개편에 들어갈 예정이다. 함께 점심을 하러 가는 동료들은 모두 그 담당자와 초면이며, 바로 그녀가 오늘의 비밀 주체다.

그런데 길을 걷던 중, 그녀의 구두가 보도블록의 튀어나온 부분에 걸리면서 휘청하고 넘어질 뻔했다. 이때 어떻게 반응해야 할까? 자기도 모르게 웃음이 터질 수도 있으나, 그런 반응이 정보유도에 도움이 될 리 없다. 이 상황을 절호의 기회로 만들려면 지금 그녀가 어떤 생각을 했는지 파악해야 한다. 길에서 갑자기 넘어질 뻔했으니 분명 불쾌한 기분이 들 것이다. 당신은 심리적 미러링을 활용하여 상대의 기분에 공감을 표하고 이렇게 말하며 정보유도의 미끼를 던진다. "시청에서 이쪽 지역 보도 상태에 신경을 좀 써야 하는데 엉망이에요. 저도 지난주에 이 근처에서 돌부리에 걸리는 바람에 아까운 신발 하나 버리고 말았지 뭡니까. 설마 시드니도 이런가요?"

아픔, 불쾌감, 당혹감에다가 아마 신발 걱정도 하고 있을 그녀에게 이는 그야말로 효과적인 미끼다. 이 말을 들은 비밀 주체는 같은 생각을 하고 있는 당신을 같은 편으로 인식하게 되어 이렇게 답한다. "아니요! 시드니는 훨씬 낫죠!" 이 말을 들은 당신은 "그렇죠? 저도 시드니에 여러 번 가봤지만 이런 일은 한 번도 없었거든요"라고 말하며 그녀의 말에 동조한다. 그리고는 이렇게 덧붙인다. "우리가 오늘 겪은 일을 시청에 알려야겠어요. 뭐든 답변이 오겠죠." 이렇게 '우리'라는 단어를 사용함으로써 상대에게 한 발 더 다가가고, 같은 편이라는 인식을 굳힐 수 있다.

물론 상대가 미끼를 물었다고 해서 곧바로 "인사 보고서의 기밀 사항을 좀 알려주시겠어요?"라거나 "CEO가 뭐라고 하실지 혹시 알고 계세요?" 혹은 "저는 잘리지 않는 거죠?"라고 물어볼 수 있는 것은 아니다. 그러나 당신이 미끼를 효과적으로 활용함으로써 다른 누구에게도 없는 인사 담당자와의 감정적 유대감이라는 경쟁력을 가지게 된 것만은 확실하다. 이제 점심 식사 자리에서 다양한 미끼를 활용하여 관계를 더욱 발전시킬 수 있다. 이 모든 과정은 그 담당자에 대한 이해를 높여줄 것이고, 이미 형성되기 시작한 친밀감 또한 더욱 빠르게 강화해줄 것이다. 그 결과 당신은 그 이후 이어지는 몇 번의 추가적인 대화를 통하여 마침내 원하는 비밀 정보에 접근할 수 있게 될 것이다.

심리적 미러링과 적절한 정보유도 미끼를 활용하여 상대의 호감을 사는 것은 거의 모든 경우에 가능하다. 예를 들어 우리가 접근해야 할 비밀 주체를 술집이나 카페에서 만났다고 치자. 행복하고 활기찬 인상을 한 상대는 흘러나오는 음악에 맞춰 발을 까딱거리고 있다. 이런 상대라면 (심리적 미러링을 통하여) 다음과 같이 행복하고 활기찬 첫마디를 미끼로 활용하는 편이 효과적일 것이다. "여기 음악이 참 좋네요, 그죠? 평소에도 이렇게 좋은 음악을 틀어주나요?" 이 말을 들은 상대는 우리의 말에 기분 좋게 답하며 미끼를 물 것이다. 또 다른 예로, 만약 상대가 뭔가를 주문하려고 오랫동안 줄을 서서 기다리는 중이라면, 역시 심리적 미러링을 활용하여 불만이나 짜증을 내비치는 첫마디를 던지는 것이 효과적일 것이다. "여기는 서비스가 문제예요. 기다린 지 오래되셨어요?"라는 식으로 말이다.

미끼가 효과적이라면 상대는 즉시 우리의 의견에 동의를 표할 것이다. 우리가 딱히 위협적으로 보이지 않는 데다, 공통점이 있는 같은 편으로 생각하기 때문이다. 여기다가 미끼의 마지막에 질문을 붙여 상대의 의견을 구하면 상대는 우리가 자신을 중요하게 생각한다고 인식해서 대부분 우리와의 대화에 응하게 된다. 대책 없이 무례한 사람만 아니라면 말이다.

비밀 정보를 알아내려면 상대로부터 긍정적인 반응이든 부정적인 반응이든 끌어내는 편이 침묵보다는 낫다. 단, 명심해야 할 것이 있다. 어떻게 시작했든 대화를 마칠 때 즈음에는 상대가 우리에 대해서, 그리고 대화 자체에 대해서 좋은 인상을 받게 해야 한다는 것이다. 이렇게 하면 다음번 대화는 훨씬 더 수월하게 진행할 수 있다. 다음번에 마주쳤을 때, 우리를 본 상대가 지난 대화의 긍정적인 기억을 떠올릴 것이기 때문이다.

상대가 우리의 대화 시도에 퉁명스럽거나 무뚝뚝하고 무시하는 것 같은 반응을 보여도 기죽을 필요 없이 심리적 미러링에 집중해야 한다. 우선 상대의 부정적인 기분에 공감하며 감정적 공감대를 형성하고 나서 가벼운 주제로 대화하며 우호적으로 부드러운 분위기로 마무리한다.

물론 이런 작전이 항상 잘 통한다면 좋겠지만, 상대와의 소통이 어려운 경우도 있다. 그러나 이 경우에도 아직 단념하기에는 이르다. 상대와의 첫 번째 만남이 썩 유쾌하지 못했다고 하더라도, 꼭 상대가 우리라는 사람 자체를 불쾌하게 기억하는 것은 아니기 때문이다. 우리가 던진 정보유도 미끼와 낚싯줄이 어느 정도 효과를 발휘했다면, 상대는 우리를 보았을 때 느꼈던 불쾌한 감정 자체를 떠올리기보다는, 우리가 그 경험을 함께 겪었다는 사실을 떠올리며 가깝게 느낄 것이다. 이것만으로도 긍정적인 결과다.

그럼 이제 정리를 해보자. 정보유도 미끼는 두 가지 요소를 포함해야 한다. 첫째는 상대에게 건넬 첫 번째 말 한마디다. 이 한마디에는 많은 공이 들어간다. 심리적 미러링을 활용하여 상대가 현재 가장 신경 쓰는 것이 무엇인지 파악하고서 상대와 우리의 공통점을 강조하는 내용으로 말문을 열어야 하기 때문이다. 다시 말해, 첫 문장은 우리와 상대방이 동의하고 같은 의견을 표할만한 내용이어야 한다. 둘째는 상대의 의견을 묻는 질문이다. 이렇게 상대의 의견을 물으면, 상대는 우리가 자신을 중요하게 여긴다는 인상을 받게 된다. 이 두 가지 요소를 포함한 정보유도 미끼를 활용하면, 긍정적인 분위기 속에 상대와의 대화를 시작할 수 있다. 이어지는 대화 또한 가능하면 긍정적으로 이끌어가는 편이 좋다는 것은 두말할 나위가 없다.

홀륭한 정보유도 미끼를 던지면 상대는 거의 대부분의 경우 우리를 무시하지 않고 관심을 보인다. 이렇게 첫 교류가 시작되면 이후 대화를 진전시키며 정보유도의 낚싯줄을 활용할 수 있다.

정보유도를 위한
낚싯줄 던지기

정보유도 낚싯줄은 미끼로 상대의 관심을 끌고 나서 대화를 이어가며 마음을 열게 하는 기술 혹은 전략이다. 정보유도 낚싯줄은 다음과 같은 인간의 기본적인 성향을 활용하여 상대를 우리에게 더 가깝게 끌어당긴다.

- 사람들은 대체로 예의 바르며 상대를 돕고 싶어 하기 때문에 친절해 보이는 낯선 이가 질문을 던지면 이에 답해 주려 한다.
- 대부분은 박식해 보이기를 원하며, 이를 드러내려고 자신이 아는 것을 타인과 공유하려 한다.
- 앞서 언급된 바와 같이, 인간에게는 정보를 나누려는 본능적인 욕구가 있으며, 87%에서 96%에 이르는 사람들이 적어도 한 명 이상에게 자신의 비밀을 털어놓는다. 비밀을 털어놓는 대상은 절친한 친구나 감정적으로 가까운 사람인 경우가 많다.
- 모두가 어떤 방식으로든 상대의 인정과 감사를 받고 싶어 한다.

- 사람들은 초대, 선물, 정보 등을 받으면 상대에게 보답해야 한다는 의무감을 느낀다.
- 사람들은 누군가 자신에게만 비밀을 털어놓으면 상대와 더 가까워졌다고 느낀다. 상대의 신뢰를 받는 특별한 사람이 되었다고 생각하기 때문이다.

비밀 주체와 대화 시에는 한 개의 낚싯줄만을 사용할 수도 있고, 여러 개를 복합적으로 사용해야 할 수도 있다. 이때 상대의 반응을 주의 깊게 살피면 어떤 것이 가장 효과적인지 단숨에 알 수 있다. 우리가 낚싯줄을 던지는 순간 상대방이 신이 나서 얼굴이 '환해지고' 더 적극적으로 이야기하려고 할 테니 말이다. READ 정보유도 모델의 1단계는 '관찰과 분석'이다(이에 대해서는 4장에서 더 자세히 살펴볼 예정이다). 이 단계의 가장 큰 목표는 대화를 시작하기 위하여 상대를 유심히 관찰하고 가장 적합한 정보유도 미끼를 고르는 것이다. 낚시에서처럼 정보유도 낚싯줄은 미끼에 바로 이어져 있다. 상대에게 정보유도의 낚싯줄을 던지는 주요한 목적은 다음과 같다.

- 감정적 공감대 강화
- 신속한 친밀감 형성
- 비밀 주체에게 더 가까이 접근
- 원하는 방향으로 대화 주제 조정

· • (가능한 경우) 비밀 정보 유도

앞으로 살펴볼 정보유도의 낚싯줄은 다음과 같은 전략을 활용한다.

- 칭찬하기
- 비밀을 공유하여 비밀을 얻기
- 비밀 주고 받기
- 의심하기
- 의도적 거짓 활용하기
- "어차피 다시 뵐 일도 없잖아요"
- 공동의 적 만들기
- 반감 이용하기
- 희소성의 원칙 활용하기
- "정말 대단하시네요. 좀 더 얘기해주세요"

● 칭찬하기

호감을 사고 친해지기 위하여 상대를 추켜세우는 일은 일상에서도 흔하다. 칭찬은 상대에게 좋은 인상을 심어주려는 방법으로 자주 활용된다. 칭찬을 들으면 누구나 기분이 좋아진다. 단, 이는 그

칭찬에 진심이 묻어날 때에 한해서다. 칭찬에서 가식이 느껴지는
순간, 호감은커녕 반감만 사고 만다.

> 자녀 엄마. 오늘 정말 예쁘세요. 혹시 살 빠졌어요?
>
> 어머니 고맙구나. 살도 빠졌고, 오늘은 머리 모양도 좀 바꿔봤어.
>
> 자녀 엄마 차 좀 써도 돼요?
>
> 어머니 안 돼.

위의 대화에 등장하는 자녀의 칭찬에서는 진심이 전혀 느껴지지
않는다. 물론 모든 칭찬이 이렇지는 않다. 당신의 외모나 당신이
이룬 성과 등에 대해 진심 어린 칭찬을 받았을 때의 기분을 떠올려
보자. 분명 자신에 대해서도, 칭찬을 하는 상대에 대해서도 긍정적
인 느낌을 받았을 것이다. 이런 경우, 칭찬은 매우 유용한 정보유
도 낚싯줄로 활용할 수 있다. 반면 목적이 빤한 가식적인 칭찬은
어떤가? 이러한 칭찬을 들으면 오히려 상대에 대한 신뢰를 잃게 된
다. 그렇기 때문에 정보유도의 낚싯줄로 칭찬을 던질 때에는 늘 주
의가 필요하다. 가식적인 칭찬은 효과가 없을뿐더러 상대에게도
뻔히 보인다는 것을 늘 기억하자.

사람들은 생각보다 자주 '숨은 의도가 있는 칭찬'을 접하며, 이
를 귀신같이 알아챈다. 그러므로 정보유도를 위한 칭찬을 할 때에
도 늘 진심을 담아야 한다. 물론 칭찬 자체에 목말라 있는 사람이
라면 진심이든 가식이든 상관없이 반기겠지만, 이런 경우는 흔치

않다. 따라서 칭찬을 정보유도의 낚싯줄로 사용하려면 우선 상대에게서 진심으로 칭찬하고 싶은 면을 찾아야 한다. 또한, 너무 대놓고 칭찬을 늘어놓기보다는 은근한 칭찬의 말을 건네는 것이 더 효과적이다.

정보유도 낚싯줄의 주된 목적은 감정적 공감대를 강화하고, 신속하게 친밀감을 형성하여 비밀 주체와 더 가까워지는 것이다. 그러나 가식적인 칭찬은 순식간에 이 모든 것을 불가능하게 만들어 버린다. 또한, 앞서 언급한 바와 같이 비밀 주체는 가깝게 느끼는 이들에게 비밀을 털어놓는데 만약 당신을 정직하지 못한 사람으로 인식하면 당신과 거리를 두려 할 것이고, 비밀을 공유하려 하지도 않을 것이다. 자연히 대화의 분위기는 냉랭하고 불편하게 흐를 것이고, 비밀을 공유하기는커녕 대화가 겉돌게 될 것이다.

칭찬을 정보유도 낚싯줄로 활용하는 게 쉬운 일은 아니지만, 적절히 쓸 수만 있다면 그 효과는 매우 뛰어나다. 앞서 예로 든 부모와 자녀 간의 대화에서처럼 뜬금없이 대놓고 칭찬을 한 후 갑자기 주제를 바꾸며 뭔가를 요청하는 것은 금물이다. 상대를 칭찬할 때에는 조금씩 은근히 하는 것이 좋으며, 칭찬의 주제는 우리가 추후에 부탁하려는 것과 관련이 있어야 한다. 이렇게만 할 수 있다면 상대는 우리에 대한 호감과 비밀 주제를 연결 지어서 생각하게 되어 나중에 우리가 그 주제에 대하여 언급하려 할 때에 더욱 관대한 마음으로 잘 들어줄 것이다.

믿기 어려울지 모르겠지만 대부분의 고위 임원들, 심지어 CEO

나 부사장 등의 직책에 있는 사람들은 칭찬에 매우 약하다. 물론 "와, 오늘 양복이 정말 멋지세요"나 "연설이 정말 감명 깊었습니다" 등의 직접적인 아부는 예외다. 우선 이런 식의 칭찬은 너무 빤하다. 게다가 조직에서 어느 정도의 직책에 오르는 사람들은 (전부는 아니지만) 대부분 명석하고 대인관계에 대한 직관이 있기 때문에 가식적인 칭찬을 쉽게 간파한다. 그러나 어쨌든 이러한 고위직의 인물들이 칭찬에 약한 것은 사실이다.

이런 사람들은 업계 콘퍼런스, 박람회, 주주회의 등에 회사를 대표하여 참석하는 경우가 많고, 핵심 고객을 상대로 자사에 대한 프레젠테이션을 진행하는 경우도 많다. 그렇기 때문에 이들은 자신이 회사와 회사의 가치를 대표한다고 생각하는 경향이 있다. 이들은 연봉도 높으며, 회사에 대한 자부심과 충성심 또한 높다. 그러므로 이들을 추켜세우는 가장 좋은 방법은 이들이 속한 회사를 칭찬하는 것이다. 회사에 대한 칭찬을 들으면 자동으로 자신에 대한 칭찬으로 받아들이기 때문이다. 즉, 이들의 마음속에서는 회사와 직책이 그 자신의 정체성과 깊은 연관이 있어서 회사에 대한 칭찬을 들으면 자동으로 개인에 대한 칭찬으로 해석하게 되는 것이다.

여러 번 언급한 바와 같이 가짜 칭찬은 언제나 티가 난다. 그러므로 상대를 칭찬할 때에는 제삼자를 통하여 전달하거나 비밀 주체가 하는 일, 좋아하는 것 또는 흥미 있어 하는 것과 관련 있는 주제를 택하여 칭찬하는 것이 좋다. 활용할 수 있는 주제는 다양하다. 상대방의 회사, 직업적 능력, 즐기는 운동, 심지어는 키우는 애완견의 혈통을 칭찬할 수도 있다. 이런 칭찬이라면 상대도 별 의심 없이 기분 좋게 받아들인다. 자신에 대한 직접적인 칭찬이 아닌, 자신이 아끼는 것에 대한 칭찬이기 때문이다. 그럼에도 상대는 결과적으로는 자신이 칭찬받는 듯한 느낌을 받으며, 우리에 대한 긍정적인 인상을 갖게 된다. 언제나 명심하라. 사람들은 자신이 좋아하는 사람과 정보를 나눈다. 그리고 모든 사람은 자신을 좋아하는 사람에게 호감을 가진다.

당신은 매우 혁신적인 인터넷 검색 도구를 개발하고 검색 기술에 대한 정보를 얻으려고 노력하던 중 운 좋게도 구글의 임원과 만날 기회를 잡았다. 그런데 상대에게 빙Bing(마이크로소프트사가 개발한 검색 엔진 - 옮긴이)이 정말 좋은 검색 엔진이라고 칭찬한다면 과연 원하는 비밀 정보를 얻을 수 있을까? 아마 불가능할 것이다.

그렇다면 이런 식의 칭찬은 어떨까? "구글이 나타나기 전 인터넷 검색이 얼마나 어려웠는지 잘 기억하고 있습니다. 뭘 좀 찾아보려 해도 검색 결과가 엉망이었죠. 그런데 구글이 등장하며 달라졌습니다. 인터넷 세상 자체가 바뀌었죠. 구글의 기술은 그야말로 최첨단이겠죠?"

이러한 칭찬을 들은 상대는 당신을 긍정적으로 생각하게 될 것이다. 그가 구글이 창업할 당시에 실제로 근무했든 안 했든 회사에 대한 칭찬을 자신에 대한 칭찬으로 받아들일 것이기 때문이다. 칭찬의 마지막 부분에 기술을 언급한 것도 탁월한 선택이다. 상대에게서 유도하고자 하는 비밀 정보와 연결되어 있으니 말이다.

업계의 종류와 사업의 유형을 떠나서, (너무 지나치지만 않다면) 회사에 대한 칭찬을 통하여 상대를 간접적으로 칭찬하는 방식은 대부분의 고위직 임원에게 효과를 발휘한다.

티 나지 않게 상대를 칭찬하는 방법은 무수히 많다. 다음과 같은 상황을 떠올려보자. 당신이 다니는 회사에는 전화기를 손에서 놓을 틈이 없을 정도로 눈코 뜰 새 없이 바쁜 한 임원이 있다. 그런데 이 임원이 당신에게 면담을 요청한다. 긴장한 채로 임원의 사무실에 들어갔지만, 미소를 지으며 반기는 모습을 보니 해고 통보는 아닌 것 같다. 임원은 당신에게 이렇게 말한다. "당신의 의견을 꼭 구하고 싶은 일이 있습니다. 아, 잠시만요. 방해받지 않도록 전화기를 잠깐 끄도록 하죠." 이렇게 바쁘고 중요한 사람이 모든 외부 연락을 차단하고 당신의 의견에만 집중하겠다고 말한 것이다. 이 말을 들은 당신은 어떤 생각을 하게 될까? 이런 상황이라면 상대가 당신을 매우 중요하게 여긴다는 느낌을 받지 않을까? 이것이 바로 간접적인 칭찬이다.

당신이 조직에서 관리자, 평가사, 감독관 등으로 일하고 있다면 정보를 유도하고 싶은 상대에게 이 방법을 활용해볼 만하다. 단순히 상대와 대화할 때 잠시 전화기를 끄는 것만으로도 효과적이고 부드러운 칭찬을 간접적으로 전달할 수 있는 것이다. 상대를 직접 칭찬하지 않고도 우리의 말이나 행동을 칭찬으로 '해석'하게 만드는 방법은 무수히 많다. 이러한 방법을 적절히 활용하면 우리의 의도를 들키지 않고 상대의 호감을 살 수 있을 것이다.

상대의 일에 대한 칭찬은 상대를 간접적으로 칭찬하는 좋은 방법이다. 사람들은 대부분 자신의 일이 중요하다고 생각하며, 맡은 바 임무를 성실히 수행하고 있다고 생각하기 때문이다. 그래서 많은 경우, 상대가 사명감을 가지고 하는 일에 대해 칭찬하거나, 그 직군에 있는 사람들이 얼마나 열심히 일하는지에 대해 언급하면 상대의 긍정적인 반응을 이끌어낼 수 있다.

(신문기자에게) "사람들은 하나같이 신문이 그냥 저절로 만들어져서 아침마다 배달되는 줄 알아요. 실제로 열심히 취재하고 기사를 쓰는 기자들이 있어야 신문이 만들어진다는 것을 아는 사람이 얼마나 될까요? 그것도 빡빡한 마감 시간까지 지켜가면서 말이죠."

(응급요원에게) "왜 늘 이렇게 의사만 중요하게 생각하는지 모르겠어요. 최전선에서 생명을 구하려고 애쓰는 응급요원들은 잊어버린 채 말이죠."

(전업주부에게) "집에서 자녀를 훌륭하게 키우는 일이 얼마나 중요한데, 왜들 그렇게 직장 생활만 강조하는지 이해가 안 돼요."

다시 정리하자면, 거의 대부분의 사람들은 가식적인 칭찬을 간파하는 능력을 갖추고 있다. 그러므로 칭찬을 정보유도의 낚싯줄로 사용할 때는 간접 칭찬을 활용하는 것이 좋고, 그 횟수 또한 적절히 조절해야 한다. 은근하고 간접적인 칭찬은 상대로 하여금 우리에게 호감을 느끼게 하며, 따라서 비밀 정보에 접근할 확률 또한 높여준다.

● 비밀을 공유하여 비밀을 얻기

1장에 소개했던 비밀 관계에 대한 내용을 기억하는가? 비밀 관계에 있는 사람들은 서로 비밀 정보를 나누며 그 외의 사람들을 모두 배척한다. 또한, 비밀을 나누는 행위는 두 사람 사이에 강력한 유대감을 만들어낸다. 여러 연구를 통하여 밝혀진 바에 따르면, 비밀을 나누는 두 사람은 서로에게 더 큰 매력과 친밀감을 느낀다. 이는 비밀을 공유한다는 것이 서로에 대한 신뢰가 필요한 행동이기 때문이다.

한 사람이 타인에게 비밀을 털어놓는다는 것은 자신이 상대에게 가진 신뢰와 친밀감을 보여주는 행위다. 그렇기 때문에 비밀을 들은 상대도 이에 상응하는 신뢰와 친밀감을 보여줘야 한다고 생각하게 된다. 연구에 따르면, 비밀의 성질과 내용은 사실 크게 중요하지 않다. 둘 사이의 유대감을 만들어내는 것은 비밀의 내용이 아닌 그 비밀을 나누는 행동 자체이기 때문이다.

그 말인즉슨, 우리가 비밀 주체에게 (내용이 무엇이든 간에) 비밀을 털어놓고 비밀 관계를 형성한다면, 상대도 자신의 비밀을 털어놓을 가능성이 높다는 이야기다. 비밀 관계라고 해서 비밀리에 접근하기 위해 상대와 데이트를 하거나 육체적인 관계를 갖는 등 부적절한 행동을 해야 한다는 것은 아니다. 상대는 (내용에는 상관없이) 우리의 비밀을 듣는 것만으로도 우리를 더 가깝게 느낄 것이며, 우리의 신뢰를 받는 중요한 사람이 되었다고 생각할 것이다. 즉, 비밀 주체의 마음속에서 우리의 관계가 감정적 친밀감과 신뢰에 바탕을 둔 동반자 관계로 한 단계 발전하는 것이다. 이렇게 발전한 관계는 더 많은 정보를 공유하기 위한 좋은 발판이 된다.

어느 날 친구가 당신에게 다가와 "이런 얘기 아무한테도 한 적 없는데, 나 사실은…"이라고 말하며 중요한 비밀을 털어놓는다. 친구의 말을 들은 당신은 친구에게 특별한 사람이 된 기분을 느낄 테고, 둘 사이는 더욱 가까워질 것이다. 친구가 자신이 아는 사람 중에서 비밀을 털어놓을 가치가 있는 사람으로 당신을 선택했다는 생각이 들 것이기 때문이다.

절친한 친구, 환자, 고객 등의 대상에게서 민감하고 조심스러운 정보를 얻어내야 할 때에는 우리 자신의 비밀을 먼저 털어놓음으로써 닫혀 있는 상대의 마음을 열 수 있다. 우리가 먼저 비밀을 털어놓았기 때문에, 상대가 자신의 비밀을 공유할 때 느낄 수 있는 부끄러움이나 다른 부정적인 감정 또한 줄어들게 된다. (진실이든 거짓이든) 우리의 비밀을 상대에게 먼저 털어놓는 행위는 둘 사이의 유대감을 높여주기 때문에, 자신의 감정이나 경험을 밝히기를 꺼리는 상대에게 매우 효과적이다.

그러나 비밀 상대에게 우리 자신의 비밀이 아닌 다른 사람의 비밀을 말하는 것은 금물이다. 상대가 비밀을 지키는 우리의 능력을 의심하게 되기 때문이다.

그렇다면 어떻게 해야 상대에게 우리의 입이 무겁다는 것을 알릴 수 있을까? "제 말 믿으세요"라고 말하는 것으로는 별 효과가 없다. 그보다는 다음과 같이 말하는 것이 훨씬 좋은 인상을 준다. "사실 어떤 사람이 제게 그 사안에 대한 기밀 사항을 알려주기는 했는데, 죄송하지만 말씀드릴 수 없어요. 절대 말하지 않겠다고 약속했거든요." 상대는 이러한 발언을 기준으로 우리의 신뢰도를 높게 평가할 것이고, 자신의 비밀 또한 나눌 수 있겠다고 생각할 것이다.

한 사회복지사가 섭식 장애를 앓는 환자(비밀 주체)와 상담을 하고 있다. 이 환자는 자신의 상태에 대해서 제대로 얘기하려 하지 않는다. 그런데 사실 이 사회복지사는 예전에 폭식증을 앓았던 경험이 있다. 이런 경우 복지사가 자신의 비밀을 먼저 털어놓으면 상대의 정보에 훨씬 쉽게 접근할 수 있다. "사실 환자들에게 이런 얘기는 안 하지만, 저도 십 대 시절에 폭식증을 겪었어요"

라거나 "이 얘기는 아무도 모르니까 비밀로 해주셔야 해요. 사실 몇 년 전 저도 심한 폭식증을 앓았어요. 음식을 마구 먹고 나서는 살이 찔까 봐 설사약을 먹는 행동을 반복했죠"라고 복지사가 먼저 고백한다면, 환자의 고백 또한 이끌어낼 수 있다. 비밀의 내용은 사실이 아니어도 상관없다. 이 말을 들은 환자는 사회복지사에게 특별한 친밀감을 느끼게 될 것이므로 사실이 아니더라도 그 효과는 유효하기 때문이다.

사실 이 예시에서, 비밀의 내용이 무엇인지는 크게 중요하지 않다. 그저 그 환자에게만 특별히 털어놓는 사적인 비밀 한 가지면 충분하다. 학교에서 괴롭힘을 당한 경험, 어린 시절의 비밀, 심지어 금전적인 어려움에 대한 이야기도 상관없다. 환자의 입장에서 중요한 것은 사회복지사가 자신의 가장 깊은 비밀을 털어놓았다는 것 그 자체. 복지사의 비밀 고백으로 둘 사이의 관계는 한 단계 발전하게 되고, 환자는 이에 맞춰 자신도 비밀을 털어놓아야 한다고 느끼게 된다. 둘의 관계는 서로의 비밀 정보를 나눌 수 있는 비밀 관계로 새롭게 태어난 것이다.

이렇듯 정보유도 과정을 수월하게 하려면 우리가 상대에게서 구하는 비밀 정보와 유사한 종류의 비밀을 털어놓는 것이 효과적이지만, 반드시 그래야 할 필요는 없다. 기본적으로 상대에게 우리가 내밀한 비밀을 털어놓았다는 인상을 줄 수 있다면, 상대 또한 자신의 비밀 정보를 내놓으려 할 것이다. 상대에게 말할 비밀은 실제 자신이 가진 비밀이어도 좋고, 목적에 맞춰 만들어낸 비밀이어도 상관없다.

- 직장 상사와 업무뿐인 관계를 벗어나 특별한 관계를 형성하고 싶은 한 직원이 상사에게 자신의 '비밀'을 한 가지 털어놓는다. 이 비밀을 들은 상사는 경영진에서 내린 결정에 대한 비밀 정보를 직원에게 알려준다. 상사의 입장에서는 일선 직원들의 의견을 파악해야 할 일이 있을 때 이 부하와의 비밀 관계를 활용할 수 있다.
- 경쟁 관계에 있는 두 회사가 박람회에 참가한다. 한 직원이 경쟁사 직원에게 가짜 내부 정보를 흘려서 우호적인 인상을 주면서 상대의 정보에 접근한다.
- 남편의 외도를 의심한 부인이 고용한 한 사립탐정이 술집에 들어간다. 이 탐정은 평범한 손님을 가장하여 남편 옆에 앉아 자신이 바람을 피우고 있다는 '비밀'을 털어놓는다. 이 말을 들은 남편은 자신의 비밀 또한 털어놓는다.
- 데이트 중인 두 사람이 있다. 한 사람이 상대의 마음을 열고 조금 더 내밀한 비밀을 나누는 관계로 발전하기 위하여 자신의 깊은 비밀을 먼저 털어놓는다. 비밀 공유에 성공할 경우, 둘은 서로에게 더 큰 매력과 친밀함을 느끼게 되는 비밀 관계로 발전할 수 있다.

● 비밀은 준 만큼 돌아온다

사람들은 하나를 받으면 그에 상응하는 무언가를 주려고 한다. 나에게 호의를 베푼 상대에게 똑같이 호의를 베풀고, 내 가려운 곳을 긁어준 상대의 가려운 곳을 긁어주는 것처럼 말이다. 이런 식의 교환은 '내가 당신(혹은 당신의 회사)을 위해서 수행하는 일의 대가로, 당신은 나에게 이러 저러한 일을 해준다'는 식의 계약 관계에서도 자주 나타난다. 돈을 주고 제품이나 서비스를 구입하는 행위나, 아이가 방 정리를 끝낸 후(반드시 전이 아닌, 후에 주어야 한다!) 용돈을 주는 것도 마찬가지의 교환 행위다.

상호교환은 업무나 사업상의 관계뿐 아니라 일상적인 인간관계에서도 흔히 찾아볼 수 있다. 예를 들어 친구 부부가 저녁 식사에 초대하면, 나중에 그 부부를 저녁에 초대해야겠다는 의무감을 느끼게 되고, 일을 하는 중 누군가가 커피를 사다 줬다면, 상대의 호의에 보답해야겠다는 생각을 하게 되기 마련이다. 인간의 이러한 긍정적인 본능 덕에 우리는 상대가 친절을 베풀면 그에 상응하는 친절을 베풀어 은혜를 갚는다.

반면 직장 동료가 커피를 사다 줬는데 고맙다고 복권을 사주는 사람은 드물 것이다. 커피와 복권의 가격이 똑같다고 하더라도 이는 자연스럽지 못하다. 상대의 호의에 답하고자 할 때 중요한 것은 그 호의에 들어간 비용이 아니라 호의의 성격이기 때문이다. 이러한 경우, 최선은 상대와 유사한 형태의 호의를 베푸는 것이다.

휴가 간 사이에 우리 집 우편물을 대신 맡아준 이웃을 위하여 나중에 우편물을 받아주는 것처럼 말이다.

이렇듯 상대와 유사한 방식으로 호의를 갚는 것이 일반적이지만, 그것이 불가능한 때도 있다. 사람들은 이런 경우에도 어떻게든 상대에게 보답하려 한다. 예를 들어, 어떤 연구에서는 한 남자가 모르는 사람들에게 공짜로 콜라를 나눠주고는 같은 날 오후 그 사람들에게 접근하여 복권을 팔아보았다고 한다. 그런데 결과를 보니 콜라를 받은 사람들이 그렇지 않은 사람들에 비해서 복권을 두 배 많이 구매했던 것이다. 이것이 바로 상호교환의 힘이다. 그들은 상대의 호의에 답해야 한다는 의무감을 느끼는 상태였지만, 콜라와 유사한 상품으로 갚는 것은 불가능했다. 그 의무감이 복권 구입으로 이어진 것이다.

이러한 법칙은 정보유도에서도 유용하다. 정보의 교환에도 같은 법칙이 적용될 수 있기 때문이다. 직장에 순전히 업무 얘기만 하는 사이인 동료가 한 명 있다고 가정해보자. 당신과 그 동료는 서로 우호적으로 잘 지내는 편이지만 업무 외의 이야기는 나누지 않는다. 그런데 어느 월요일 아침, 사무실에서 마주친 동료가 갑자기 지난 주말에 뭘 했는지 얘기한다. 동료의 얘기를 들은 당신은 아마도 이에 호응하여 주말을 어떻게 보냈는지 얘기해주게 될 것이다. 상대가 자신의 주말에 대한 정보를 공유했으므로 당신도 똑같이 해야 한다는 의무감을 느끼게 되었기 때문이다.

상대에게서 알아내고 싶은 특정한 비밀이 있다면 우리가 먼저 그에 상응하는 비밀을 상대에게 털어놓으면 된다. 그렇다고 마치 거래라도 하듯 상대에게 대놓고 묻는 것은 곤란하다. 예를 들어 소프트웨어 박람회에 참가한 경쟁사 직원에게 대뜸 "우리 회사는 게임 시장 쪽으로 새로 진출하려고 합니다. 그쪽 회사는 어떤가요?"라고 묻는다 한들 상대가 정보를 털어놓을 리 만무하다. 이 경우 대부분의 사람들은 불편해하며 방어적인 반응을 보일 것이다. 특히 애사심이 높은 상대라면 반응은 더욱 부정적일 것이다. 이러한 경우에는 대놓고 거래하듯 묻기보다는 우리가 원하는 분야의 정보를 먼저 공유하여 상대가 자발적으로 자신의 정보를 나누고 싶게 만들어야 한다.

앞서 배운 '비밀을 공유하여 비밀을 얻기'를 적용하여 이렇게 말하는 것이 훨씬 효과적이지 않을까? "다른 사람에게는 말하지 마세요. 당신이니까 말씀드리는 건데, 저희 회사는 앞으로 원래 사업 부문은 차차 정리하고 게임 산업 쪽으로 확장할 예정이에요." 여기까지 말하고 나서 잠시 멈추면, 상대는 우선 이 정보에 대한 자신의 의견을 말할 것이다. 그리고 만약 둘 사이에 충분한 친밀감이 형성된 관계라면, 상대 또한 다음과 같이 유사한 비밀 정보를 공유하려 할 것이다. "저희도 몇 달 전 윗선에서 비슷한 결정을 내렸어요. 앞으로 음성 인식 플랫폼 개발에 주력할 예정이어서 현재 인력이 그쪽으로 많이 투입되었어요."

비밀 먼저 털어놓기와 상호교환의 법칙을 함께 활용해보자. 상대는 우리에게 더 큰 친밀감을 느끼고, 우리가 공유한 비밀과 같거나 유사한 정보를 털어놓게 될 것이다.

스탠과 사이먼은 경쟁 관계에 있는 제약회사에서 근무한다. 대규모 제약 콘퍼런스에 참가한 둘은 뷔페식 점심 식사 자리에서 우연히 마주친다. 예전에도 비슷한 콘퍼런스에서 이렇게 마주친 적이 몇 번 있다. 서로 경쟁사에 근무하기는 하지만 우호적인 관계인 스탠과 사이먼은 점심을 함께 먹는다. 그 후 스탠은 사이먼에게 근처 술집에서 가볍게 한잔하자고 제안한다.

사실 이 술자리는 콘퍼런스를 벗어나 좀 더 느긋한 분위기에서 대화하며 사이먼에게서 정보를 얻어내려고 스탠이 일부러 제안한 것이다. 콘퍼런스 중에는 회사를 대표하여 참가하고 있다는 의식이 강할 테니, 당연히 회사의 기밀 정보에 대해서는 입을 열지 않을 것이 뻔했기 때문이다.

스탠은 사이먼에게서 진짜 비밀 정보를 이끌어내기 위하여 지어낸 비밀을 털어놓는다. "사실 요즘 회사에 불만이 많아서 얘기를 좀 하고 싶었어요. 외부에 알려지면 안 되는 것이긴 한데, 그래도 너무 한심해서요. 제약 업계 사정을 잘 아실 테니 말도 잘 통할 것 같고요. 어쨌든 비밀로 해주실 수 있죠?"

이 말을 들은 사이먼은 "그럼요, 물론이죠"라고 답한다.

스탠이 허락을 구하고 사이먼은 이에 긍정적인 반응을 보이며 경쟁사의 비밀을 듣는 데에 동의한다. 스탠이 계획한 정보유도 과정에 참여하기 시작한 것이다. 이러한 허가와 동의는 심리적으로 자신도 비슷한 정보를 공유해야 한다는 사이먼의 의무감을 더욱 강하게 만들어준다. 이렇게 둘의 비밀 관계가 시작된다.

스탠은 사이먼에게 비밀을 털어놓는다. "정말 아무한테도 말하면 안 돼요. 이번에 저희 회사에서 연구개발 예산을 30%나 삭감하고, 새로운 두통약 연구를 중단했어요."

사이먼이 대답한다. "정말 너무하네요. 그런데 저도 얼마 전 상사가 보낸 이메일의 내용을 보니 연구개발비를 삭감하고 그 돈으로 중국에서 전구체 수입을 확대하겠다고 하더라고요. 제조비용을 최소화하겠다는 거죠."

이 말을 들은 스탠이 묻는다. "정말요? 당신한테도 불똥이 튀는 건 아니에요?"

사이먼이 답한다. "아시다시피 저야 영업 쪽이니까 별 영향은 없을 거예요. 게다가 요즘 저희 회사 시장점유율이 떨어져서 영업이 더 필요하거든요."

스탠이 말한다. "그래도 당신은 괜찮을 거라니 다행이네요, 사이먼. 앞으로도 콘퍼런스에서 만나서 같이 공짜 점심이나 먹자고요."

스탠은 READ 정보유도 모델의 전환divert 기술을 활용하여 대화의 주제를 비밀 정보에서 좀 더 가볍고 긍정적인 쪽으로 전환한다. 이를 통하여 사이먼의 마음속에서 비밀 공유에 대한 후회는 사라지며 그 자리를 긍정적인 기분이 채우게 된다.

결과적으로 사이먼은 경쟁사에 자기도 모르게 중요한 정보를 넘겨주고 말았다. 여기에는 대화가 진행된 환경이 큰 역할을 했다. 만약 이 대화가 콘퍼런스 도중에, 혹은 다른 직원들 앞에서 이루어졌다면 사이먼은 기밀을 지켜야 한다는 본인의 의무와 회사에 대한 충성심을 잊지 않았을 것이다.

스탠이 연구개발비 삭감이라는 (거짓) 비밀을 먼저 털어놓은 것도 큰 영향을 주었다. 스탠의 비밀을 들은 사이먼은 둘의 관계가 비밀을 나누는 관계로 발전했다고 생각하게 되었고, 자신도 그에 상응하는 정보를 넘겨줘야 한다는 의무감을 느끼게 된 것이다.

둘 사이에는 비밀 관계가 형성되었고, 사이먼은 이미 한 번 비밀을 털어놓았으므로, 앞으로도 더 많은 정보를 공유할 가능성이 높다. 게다가 사이먼은 스탠을 비밀을 공유할 수 있는 절친한 친구로 생각하게 되었으므로 앞으로는 먼저 연락을 취해 비밀을 털어놓으려 할지도 모른다. 효과적인 정보유도와 비밀 상호교환의 법칙은 이처럼 강력한 힘을 발휘한다.

● 의심의 힘을 믿어라

비밀 주체가 이미 정보를 털어놓기 시작한 시점에서 의심을 활용하면 좀 더 자세한 정보를 유도해낼 수 있다. 단, 의심으로 우리가 원하는 효과를 얻으려면 상대를 몰아붙이지 않는 비공격적인 말투를 사용하여 상대의 말에 의문을 제기해야 한다. 의심에 부딪힌 상대는 자신의 말이 참이라는 것을 증명하기 위하여 더 많은 것을 털어놓게 된다. 다시 앞에 소개된 스탠과 사이먼의 예로 돌아가 보자.

사이먼네 회사의 내부 사정을 들은 스탠이 괜찮겠냐고 묻자 사이먼은 이렇게 답한 바 있다. "아시다시피 저야 영업 쪽이니까 별 영향은 없을 거예요. 게다가 요즘 저희 회사 시장점유율이 떨어져서 영업이 더 필요하거든요."

이 말을 들은 스탠이 믿기 어렵다는 듯 이렇게 말한다. "말도 안 돼요, 그게 정말이에요? 아까 콘퍼런스에서 나눠주는 홍보물들을 살펴봤는데 저희 것보다 훨씬 고급스럽던데요? 별로 돈 문제로 어려움을 겪는 것 같아 보이지는 않았는데…"

사이먼이 답한다. "믿기 어렵겠지만 사실이에요. 겉으로 티가 날까 봐 내부 비용을 끌어다 마케팅 쪽에 쏟아 붓고 있죠. 사실은 고객 한 명 한 명이 아쉬운 상황이거든요. 심지어 회사의 차량 지원이 끊긴 임원도 있어요. 올해 보너스도 물 건너갔고요."

스탠은 의심을 사용하여 사이먼에게서 추가적인 정보를 이끌어 냈다. 만약 스탠의 회사가 적대적 인수합병을 통한 사세 확장을 계획하고 있다면, 사이먼의 회사가 1순위가 될 것이다.

의심의 힘은 다양한 업계와 상황에서 활용할 수 있다.

- 직장 조사관, 경찰, 변호사 등이 목격자나 용의자가 털어놓은 자백이나 정보, 상황을 보강할 수 있는 추가적인 정보를 얻기 위하여 활용할 수 있다. 의심을 받은 상대는 이렇게 말할 것이다. "정말이에요. 이웃집 사람도 똑같은 걸 봤으니 한번 물어보세요."
- 의료진이 환자의 숨은 병력을 추가로 알아내고자 할 때 활용할 수 있다. "이 약은 전에도 처방받은 적 있다니까요. 웨인 박사님 병원에 전화해서 한번 물어보시든가요."
- 교사가 평소에 행실이 좋은 학생이 말썽을 부렸다는 얘기를 들은 경우, 더 자세한 내막을 알아보기 위하여 활용할 수 있다.
- 협상 시, 상대편이 제안을 실행에 옮길 능력이 있는지 의심하

는 듯한 말을 하면 더 자세한 내부 정보를 유도할 수 있다.

이렇듯 의심은 다양한 상황에서 활용할 수 있다. 특히 상대가 전체가 아닌 일부 정보를 내어놓은 경우, 그 정보에 대한 의심을 제기하면 정확성을 확인하거나 추가적인 정보를 유도해낼 수 있다.

● 때론 의도적 거짓도 필요하다

의도적 거짓은 의심과 유사한 방식으로 활용할 수 있다. 비밀 주체 앞에서 의도적으로 정확하지 않은 사실을 말하면 상대는 우리의 말을 바로잡게 되는데, 그 과정에서 자신도 모르게 추가적인 정보를 털어놓게 된다. 이러한 방식의 정보 유도는 특히 자만심이 강하고 자기중심적인 상대, 혹은 오류를 참지 못하는 정확한 성격의 상대에게 잘 통하며, 조직의 고위 임원들에게도 효과를 발휘한다. 그러나 정보유도자 자신이 위의 사항에 해당한다면 이 방법을 제대로 사용하기가 쉽지 않다. 의도적 거짓으로 정보를 유도해내려면 어느 정도 '바보 같은 모습'을 보이거나, 무지하고 순진한 모습을 가장할 수 있어야 하기 때문이다.

그 옛날, 피터 포크Peter Falk가 TV 드라마에서 연기한 '형사 콜롬보'의 주특기가 바로 이 기술이었다. 드라마에서 콜롬보는 일부러 허술한 모습을 보이며 목격자나 용의자 앞에서 엉뚱한 결론을 내

리거나 말도 안 되는 추측을 하곤 했는데, 이 모습을 못 견딘 상대
는 그의 말을 바로잡다가 안 해도 될 말들을 털어놓았다. 그는 이
렇게 비밀 주체에게서 정보를 유도해내고서 어김없이 셜록 홈즈
뺨치는 추론 능력을 발휘했고, 결국 악당들은 매주 꼬박꼬박 감옥
신세를 져야 했다. TV 속 콜롬보의 활약은 몇 년 동안이나 이어졌
다. 물론 이것은 TV 드라마일 뿐이지만, 정확하지 않은 사실을 들
었을 때에 사람들이 보이는 자연스러운 반응을 매우 잘 보여주고
있다.

그럼 실생활에서 의도적 거짓을 활용하는 예를 살펴 보자.

당신은 자동차를 새로 사려고 계획하던 차에 마침 파티에서 지
역 자동차 영업소의 관리자급 직원과 우연히 마주친다. 상대는
분명 새 차를 사는 데에 도움이 될 좋은 정보를 많이 가지고 있
을 것이다. 이제부터 그 직원이 당신의 비밀 주체가 된다. 차를
사고는 싶지만 만만찮은 가격 때문에 부담을 느끼고 있던 당신
은 이 기회를 활용하여 유용한 정보를 알아내기로 결심한다.

당신은 우선 정보유도 미끼로 상대방과의 대화를 시작하고 나
서, 상대에게 이런 말을 던진다. "자동차 판매업자들도 요즘 참
힘들겠어요. 차 한 대 팔아봤자 기껏해야 1~2% 남는데 요즘 같
은 세상에 어떻게 먹고 살아요(물론 당신은 판매업자의 순수익
이 5~10% 정도 된다는 것을 알고 있다)."

당신의 말을 들은 상대는 잘못된 사실을 바로잡는다. "아니에

그 옛날, 피터 포크가 TV 드라마에서 연기한 형사 콜
롬보는 일부러 허술한 모습을 보이며 목격자나 용의
자 앞에서 엉뚱한 결론을 내리거나 말도 안 되는 추측
을 하곤 했는데, 이 모습을 못 견딘 상대는 그의 말을
바로잡다가 안 해도 될 말들을 털어놓았다.

요, 그래도 한 대 팔면 5%는 남아요. 게다가 이번에 새로 출시된 스포츠카 같은 경우에는 판매 시 따로 인센티브가 나오기도 하거든요. 저희 매장도 몇 대 주문해두었답니다." 당신은 이렇게 답한다. "그래도 요즘 달러화 가치가 많이 떨어졌잖아요. 스포츠카는 거의 수입일 텐데, 환율 때문에 이윤이 줄어들 수밖에 없겠죠." 상대는 다시 이렇게 답한다. "저희 매장에 주문한 것들은 그전에 수입된 거라서, 주문을 늦게 한 다른 매장에 비해서 별 영향이 없었어요. 본격적으로 광고에 들어가면 공식 판매 가격이 환율 조정 이후를 기준으로 해서 높게 책정된다고 하니 저희로서는 행운이죠. 다른 매장에서 한 대에 5% 정도 남긴다면, 저희의 경우 10%는 남길 수 있으니까요."

당신은 거짓을 의도적으로 이용함으로써 이윤 폭이 큰 매장이 어디인지, 새 차를 어디서 사는 것이 유리한지 파악했다. 이제 실제 구매 시에 이렇게 파악한 정보를 활용하여 협상하면 다른 사람들보다 저렴한 가격으로 구매할 수 있게 될 것이다.

단, 이 기술을 사용할 때에 명심해야 할 것이 있다. 적정한 선에서 주제에 대해 잘 모르거나 오해하고 있다는 인상을 주는 것은 괜찮지만, 너무 아무것도 모른다거나 사실을 심하게 왜곡한다는 인상을 줄 경우 오히려 상대의 의심을 사게 된다는 점이다. 이러한 의심이 직접 우리에게 향하는 것을 막으려면 "제 친구한테 들은 말인데"라거나 "업계 블로그에서 읽었는데"라는 말로 그 출처를 제삼자에게 돌리는 것이 좋다. 이러한 방법을 활용하면 상대의 의심을 사지 않으면서도 똑같은 결과를 얻어낼 수 있을 것이다.

의도적 거짓은 다른 정보유도 낚싯줄과 함께 상호보완적으로 사용할 수 있는 훌륭한 전략이다. 단, 상대에게 너무 아무것도 모른다는 인상을 줄 경우 신뢰성을 깎아 먹을 수 있으니 주의해야 한다.

● "어차피 다시 볼 일도 없잖아요"

사람들이 비밀을 아무에게도 털어놓지 않는 경우가 드물다는 것과, 정보를 공유하고자 하는 것이 인간의 자연스러운 본능이라는 이야기는 이미 몇 차례 언급한 바 있다. 우리는 이러한 본능 때문에 적어도 한 사람 이상의 타인에게 비밀을 털어놓는다. 이 책의 1장에서는 사람들이 비밀을 숨기는 이유에 대하여 알아보았다. 연구에 따르면 대부분의 사람이 자신이나 타인에게 미칠 사회적 타격이 두려워 비밀을 숨긴다고 답했다. 실제로 비밀 주체의 92.8%가 부정적인 사회적 평가와 그로 말미암은 영향을 가장 두려워했다. 위의 두 사실을 종합해보면, 비밀 주체는 비밀을 털어놓고 싶은 본능과 비밀을 털어놓았을 때 받을 수 있는 사회적 타격에 대한 두려움 사이에서 늘 갈등할 수밖에 없다는 결론이 나온다.

그렇다면 사회적 타격에 대한 비밀 주체의 두려움을 덜어줄 방법은 무엇일까? 만약 처음 보는 사람이고 다시 만날 일도 없다면, 상대적으로 큰 두려움 없이 비밀을 털어놓을 수 있지 않을까? 이런 경우라면 비밀 주체도 주변에 알려질지도 모른다는 두려움 없이 심리적인 짐을 내려놓고 싶은 유혹을 느낄 것이다. 이런 식의 만남은 대규모 콘퍼런스, 비행기, 기차, 버스, 일부 사업 모임이나 사교 모임에서 이루어질 수 있다. 이 경우 상대의 정보를 유도하려면 다시 만날 일이 없다는 사실을 강조하는 것이 도움이 된다. 그 말을 들은 비밀 주체는 상황을 이리저리 재 본 후 비밀을 털어놓아도 괜찮겠다는 결론에 도달하게 될 것이다. 필요하다면 상대에게 이 만남은 주위 사람들에게 알려질 위험 없이 비밀 정보를 나눌 수 있는 흔치 않은 기회라는 것을 직접 말로 알리는 것도 좋다.

당신은 원래 사는 곳에서 멀리 떨어진 지역에서 열린 파티에 참석하고 있다. 혹은 동네에서 열린 파티에 다른 지역에 사는 상대가 참석한 상황을 가정해도 좋다. 어쨌든 이야기를 하다 보니, 상대에게 당신이 알아내고 싶은 비밀 정보가 있다는 사실을 알게 되었다. 어떻게 하면 이 정보를 알아낼 수 있을까? 이런 경우, 어차피 다시 볼 일이 없으니 비밀을 하나 털어놓고 싶다며 (진짜든 가짜든) 자신의 비밀을 먼저 한 가지 말해보자. 당신의 비밀을 알게 된 상대는 친밀감을 느끼고 이내 자신도 이 상황을 기회 삼아 비밀을 안전하게 나눌 수 있겠다는 생각을 하게 된다. '어차피 이 사람이랑 다시 만날 일도 없으니, 비밀을 털어놓아도 별로 해 될 것도 없잖아'라는 생각을 하게 되는 것이다. 이런 생각이 들면, 상대는 지금까지 꼭꼭 숨겨왔던 비밀을 더 자유롭게 나누게 된다.

이러한 기술을 이용하여 상대의 비밀을 듣는 것이 꼭 우리 자신만을 위한 일은 아니다. 비밀을 털어놓은 상대 또한 그 비밀에 대한 타인의 관점과 의견을 듣게 되어 고민을 해결하거나 새로운 해결책을 생각하게 될 수도 있기 때문이다. 그러므로 이 기술은 비밀의 무게에 짓눌려 있는 상대를 돕기 위하여 사용할 수도 있다.

● 공동의 적을 만들어라

혹시 특별히 응원하는 운동 경기 팀이 있는가? 색깔을 맞춘 응원복을 입고 비슷한 옷을 입은 다른 팬과 함께 앉아 응원하면 서로 말 한마디 나누지 않고도 동지의식이 싹트기 마련이다. 아마 당신도 이러한 경험을 해 본 적이 있을 것이다. 이는 옆자리의 팬과 당신은 같은 편이며, 상대편을 이기고 싶다는 생각을 공유하고 있다는 의미다. 그 순간 앞자리에 상대편을 응원하는 팬이 앉는다면, 옆 사람과의 동지의식은 더 강해질 것이다. 그것도 모자라 상대팀 팬이 거대한 응원봉을 흔들며 시야를 가린다면? 상대팀 팬에 대한 적대감이 올라가면서 동시에 같은 팬에 대한 동지의식 또한 더더욱 강해진다. 그때 옆에 앉은 우리팀 팬이 "응원봉을 저렇게 흔들

다니 정말 매너도 없네요. 경기가 하나도 안 보이잖아요"라고 말한다면 당신은 분명 그렇다며 맞장구를 칠 것이다. 만약 그가 앞사람에게 응원봉을 치워달라고 말한다면 당신도 몇 마디 거들지 모른다. 앞사람은 공동의 적이기 때문이다.

다른 상황을 가정해보자. 당신은 공항의 체크인 데스크 앞에 줄을 서서 차례를 기다리고 있다. 그런데 그 순간 출발이 두 시간 지연된다는 안내 방송이 나온다. 이 방송을 들은 옆 사람이 당신에게 "두 시간 지연이라니 이게 말이 돼요? 게다가 비행시간도 한 시간 더 길다고 하더라고요"라고 말한다면 당신도 맞장구를 치며 항공사를 비난하는 말을 하고 싶어질 것이다. 상대와 당신은 같은 처지에 놓인 같은 편이기 때문이다.

이 정보유도 전략에는 '적의 적은 나의 친구다'라는 격언이 꼭 들어맞는다. 같은 경험을 한 사람들은 같은 시간에 같은 문제에 대하여 같은 감정을 느끼므로 쉽게 같은 편이 된다. 앞서 언급한 바와 같이, 이러한 경험은 두 사람 사이에 감정적 공감대를 형성하며, 정보의 흐름을 원활하게 한다. 여기에 공동의 적이라는 존재가 더해지면 단순히 같은 경험을 하거나 공통의 관심을 나누는 것보다 둘의 유대감이 더욱 강해진다.

● 반감을 이용하는 게 더 효과적이다

비밀 주체가 특별히 좋아하는 가수가 있는 경우, 함께 그 가수에 대한 호감을 표하면 상대와 친밀감을 형성할 수 있다. 그런데 사실 더 강한 친밀감을 형성하는 방법은 따로 있다. 바로 상대가 격하게 싫어하는 가수에 대해 함께 반감을 표하는 것이다. 이처럼 상대가 특별히 싫어하거나 불만스러워하는 대상에 대하여 이야기할 때 이에 동의하면 상대와 감정적 공감대를 형성하고 더욱 강력한 친밀감을 만들어낼 수 있다.

여러 연구 결과에 따르면, 분노는 말이나 행동을 제약하는 장벽이 사라지게 해서 평소에는 할 수 없었던 일을 가능케 한다. 물론 상대가 우리에게 분노한다면 곤란하겠지만, 뭔가 다른 것에 대하여 상대와 우리가 함께 분노한다면 그 공통된 경험을 통하여 강력한 유대감을 형성할 수 있다.

예를 들어, 상대가 어떤 회사의 업무 처리 방식이나 특정 부서에 대한 반감을 표시한다면, 그 불만과 분노를 우리에게 토로하게 한 다음 심리적 미러링을 통하여 상대의 감정에 공감을 표한다. 상대는 카타르시스와 함께 우리에게 더 큰 친밀감을 느낄 것이고, 동시에 평소 비밀 정보를 보호하던 심리적 장벽이 낮아질 것이다. 그런데 한 가지 주의할 점이 있다. 상대가 너무 큰 분노를 느끼는 경우 우리에게 그 불만을 토로하게 한다면, 다음번에 우리를 만났을 때 그 감정과 우리를 무의식중에 결부시킬 수도 있다. 그러므로 비밀 주체가 심하게 격분한 경우라면 우선 대화의 주제를 긍정적인 방향으로 돌려서 상대를 진정시키는 것이 좋다.

대화를 할 때에는 상대가 강한 반감을 표하는 사람, 장소, 사물 등이 있는지 주의 깊게 관찰해보자. 반감이 강하면 강할수록, 우리가 동의할 경우 상대가 느끼는 유대감도 클 것이다.

상대의 반감을 이용하는 이 전략은 그 자체로서는 큰 효과를 발휘하지 못하는 경우가 많다. 그러나 다른 유도 전략과 함께 활용한다면, 충분히 우리의 경쟁력을 강화해줄 수 있다.

● 가질 수 없다면 더 원한다

인간은 참으로 이해하기 힘든 동물이다. 똑같은 물건인데도 산더미처럼 쌓여 있을 때에는 별로 가지고 싶어 하지 않다가, 공급이 달린다거나 부족하다는 이야기를 듣는 순간 갑자기 소유욕이 끓어오르는 것을 느낀다.

요컨대 사람들은 드문 것일수록 가치 있게 생각한다. 예를 들어, 수천 장씩 찍어낸 엘비스 프레슬리 공연 포스터 사본은 수집가들의 눈에 아무런 가치가 없다. 그러나 진본이라면 꽤 비싼 가격에도 사고 싶어 할 것이며, 거기에 엘비스 프레슬리의 사인까지 있다면,

게다가 그 사인이 사망 전 마지막 사인이라면 상당한 금액을 지불하고서라도 손에 넣으려 할 것이다. 이렇게 우리는 희소성과 가치를 결부시키는 경향이 있다. 부족할수록 가치는 올라가게 되는 것이다.

백열등은 19세기부터 다양한 형태로 우리 곁에 존재해왔다. 백열등 판매량은 거의 수십 년간 큰 변동 없이 안정적이었다. 특별할 것 없는 전구지만, 저렴하고 구하기도 쉬운 데다 공급도 충분했기 때문이다. 그러나 2005년부터 모든 것이 바뀌기 시작했다. 많은 국가가 경제적 환경적 비용을 이유로 백열등 사용을 줄이고 형광등이나 LED 사용을 장려하기 시작한 것이다.

독일 정부가 백열등의 판매를 금지하겠다는 발표를 하자 백열등 판매량은 34%나 증가했다. 다른 국가의 발표에도 비슷한 반응이 줄을 이었고, 대부분의 나라에서 백열등 판매량이 기록적으로 증가했다. 사람들이 백열등을 구하기 어려워질 거라는 생각이 들자 갑자기 백열등을 원하게 된 것이다. 백열등 대신에 얼마든지 사용할 수 있는 형광등의 공급에는 전혀 문제가 없었는데도 말이다.

비슷한 일은 1980년대 코카콜라에서도 있었다. 당시 시장 점유율 하락으로 고민하던 코카콜라는 광범위한 연구와 시장 조사를 거쳐 새로운 제조법을 적용한 '뉴코크New Coke'를 탄생시켰다. 코카콜라는 신제품 개발 과정에서 20만 명에 달하는 소비자를 대상으로 맛에 대한 평가를 진행했는데, 블라인드 테스트 결과 55%가 신제품을 선호하는 것으로 나타났다. 게다가 평가를 진행할 때 어떤 것이 '뉴코크'인지 소비자에게 알린 경우, 맛에 대한 만족도가 61%로 증가했다.

코카콜라 측에서는 이 결과에 상당히 고무되었다. 신제품의 맛이 더 좋다는 평가도 그렇지만, 신제품이라는 것을 알렸을 때 만족도가 6%나 올랐다는 것은 소비자들이 변화를 원하고 있다는 증거라고 생각했기 때문이다. 그러나 결과적으로 코카콜라의 해석은 옳지 않았다. 평가에 참가한 소비자들이 선호한 것은 신제품 자체가 아닌 그 제품의 희귀성이었다. 6%의 상승분은 신제품에 대한 기대라기보다는 아직 정식으로 출시되지 않은, 남들은 구할 수 없는 제품에 대한 선호였던 것이다.

사람들이 구하기 힘든 것을 더 선호한다는 원칙을 보여주듯, 1985년 '뉴코크' 판매가 시작된 직후에는 판매량이 8% 올랐다. 출시된 지 얼마 되지 않아 상대적으로 구하기가 어려웠기 때문이다. 그러나 '뉴코크'가 본격적으로 시장에 깔리자 판매량은 곤두박질쳤고, 맛에 대한 불만이 쏟아져 나오기 시작했다. 심지어 기존 제품을 사재기하는 현상까지 나타났다. 신제품 판매가 본격화되며 기존 제품이 오히려 희귀해지기 시작했기 때문이다. 즉, 판매량 저하로 어려움을 겪었던 이전 제품을 구하기가 어려워지자 사람들은 오히려 그 제품을 다시 원하게 된 것이다. 소비자의 요구는 점점 거세졌고, 결국 코카콜라는 '뉴코크'를 출시한 지 3개월도 되지 않은 1985년 7월 10일에 기존 제품을 다시 판매하겠다고

사람들이 구하기 힘든 것을 더 선호한다는 원칙을 보여
주듯, 1985년 '뉴코크' 판매가 시작된 직후에는 판매량이
8% 올랐다. 출시된 지 얼마 되지 않아 상대적으로 구하
기가 어려웠기 때문이다. 그러나 '뉴코크'가 본격적으로
시장에 깔리자 판매량은 곤두박질쳤고, 맛에 대한 불만
이 쏟아져 나오기 시작했다. 심지어 기존 제품을 사재기
하는 현상까지 나타났다.

발표했다.

드문 기회를 놓칠지도 모른다는 생각이 들면, 사람들은 경쟁적으로 그 기회를 잡으려 한다. 광고 기획자들은 바로 이런 인간의 본성을 이용한다. 예를 들어 어떤 공연을 홍보할 때 '단 하루만' 한다든가 '작별 공연'이라는 이름을 붙이면, 앞으로 그 공연을 볼 수 없을지도 모른다는 이유만으로 사람이 몰리게 된다. 귀한 한정판 제품을 가지고자 하는 욕구는 꼭 부유층이나 유명인사에게만 있는 것이 아니다. 1년에 단 한 번 있는 할인이나 폐업 할인을 하는 매장 앞에 사람들이 문전성시를 이루는 것을 생각해보자. 이런 매장에는 늘 '서두르세요. 세일은 오늘까지입니다'라든가 '마지막 기회'라는 문구가 붙어 있다.

이런 식의 홍보가 흔한 이유는 단순하다. 인간의 심리에 호소하는 이런 방식이 늘 효과적이기 때문이다. 뭐가 됐든 '한정판'이나 '한정 기간 세일'이라는 말만 붙으면 된다. 그 말만 붙으면 자동차, 주화, 우표, 셔츠, 책, 심지어 햄버거나 음료수까지 판매량이 단숨에 치솟는다. 쉽게 구할 수 없다는 생각이 소유욕을 자극하기 때문이다.

그렇다면 물건이 아닌 정보는 어떨까? 사람들은 소수에게만 공개되는 정보를 더 소유하고 싶어 할까? 물론 그렇다. 사람들의 이러한 성향을 잘 보여주는 연구 결과가 있다. 이 연구에서는 미국의 소고기 도매업자들에게 호주의 악천후 때문에 당분간 호주 소고기 수입이 원활하지 않을 것이라고 이야기했고, 이 소식에 호주산

소고기 주문량은 두 배로 늘었다. 그런데 업자들에게 이 정보가 다른 이들에게 알려지지 않은 독점적인 정보라고 말하자 주문량은 600%나 증가했다.

이와 같은 현상은 주식 시장에서도 나타난다. 특정 기업이나 환율에 대한 '내부 정보'가 주가에 미치는 영향은 실로 엄청나다. 대부분의 사람들은 독점적인 정보, 혹은 소수에게만 알려진 정보라는 말을 들으면 그 정보를 신뢰한다.

사람들이 드문 기회나 한정판 제품에 끌리는 것과 같은 원리로, 정보는 독점적일수록 더 큰 영향력을 가지게 된다. 같은 원리를 비밀 주체에게도 활용할 수 있다. "서로 이렇게 정보를 나눌 수 있는 사이는 흔치 않은데, 당신을 만난 건 정말 행운이네요. 이런 관계는 아무 데서나 찾을 수 없죠"라고 말하며 상대에게 관계의 독점성을 강조하는 것이다.

이와 더불어 상대의 정보를 끌어내기 위하여 우리의 비밀을 먼저 털어놓는 전략을 활용하고, 그 비밀을 아는 사람은 상대뿐이라는 말을 덧붙이면 더욱 효과적이다.

또한 상대에게 우리의 비밀을 털어놓기 전, 사실 아무에게도 말한 적이 없어서 털어놓아야 할지 고민스럽다는 말을 하면 상대는 이 비밀을 알아내려고 그야말로 안달하게 될 것이다. 이는 그 누구도 가지지 못한 것을 손에 넣고 싶어 하는 인간의 자연스러운 본능 때문이다.

상대에게 비밀 정보를 털어놓고 나서는 그 정보의 독점성을 다시 한 번 강조하고, 곧바로 비밀의 상호교환 전략을 활용하여 상대에게서 그와 비슷한 정도의 비밀 정보를 이끌어낸다. 비밀의 독점성을 강조하는 전략은 환자나 고객에게 필요한 도움을 제공하기 위하여 비밀 정보를 유도할 때도 유용하다. 털어놓은 비밀이 외부로 새나가지 않고 그 관계 내에만 머문다는 것을 깨닫게 되면, 비밀을 털어놓기가 한결 쉬워지기 때문이다.

● "와, 정말 대단하시네요! 좀 더 얘기해주세요"

상대적으로 다른 사람에 비해 정보 유도가 쉬운 유형의 비밀 주체가 있다면, 그건 바로 잘난 척하기 좋아하는 부류의 사람들이다. 이런 부류로부터 정보를 유도하는 것은 아이에게서 사탕을 빼앗는 것만큼이나 쉽다. 방법 또한 쉽다. 그저 단순한 질문을 몇 개 던지면, 상대는 지식을 과시하기 위하여 알아서 여러 정보를 늘어놓는다. 효과를 높이려면 대화를 시작하고 일반적인 내용에 대한 얘기를 나누면서 상대에게 관심을 보이고, 그들의 박식함에 감탄을 표하면서 조심스럽게 우리가 알아내고자 하는 비밀에 관련된 주제로 대화의 방향을 틀면 된다.

이렇게 하면 대화의 주제가 바뀌어 민감한 정보에 대한 이야기에 접근하더라도, 지금까지 박식한 전문가의 모습을 뽐내던 상대는 갑자기 태도를 바꿔 방어적이고 과묵한 모습을 보일 수 없게 된다. 게다가 이런 부류의 사람들은 대화를 주도하며 관심을 받는 것을 좋아해서 일단 입을 열기만 하면(이런 사람의 입을 여는 것은 정말 쉽다), 일상적인 주제가 아닌 비밀 내용에 대해서도 말을 멈추지 않는다.

이런 사람들은 자신을 과시할 기회를 포착하면 판단능력이 흐려진다. 자신이 돋보일 기회 앞에서는 자신이나 타인의 프라이버시도, 애사심도, 정보의 기밀성도 모두 중요성을 잃는 것이다. "그건 정말 몰랐네요", "정말 대단해요", "그게 다예요? 혹시 더 아시는 건 없어요?" 등의 말로 맞장구를 치기만 하면, 상대는 지칠 줄 모르고 말을 이어갈 것이다.

상대에게 가상의 상황에 대한 질문을 던지는 것도 추가적인 정보를 이끌어낼 수 있는 유용한 방법 중 하나다. 흥미롭거나 복잡한 상황을 가정한 후, 상대의 조언이나 충고를 구하는 (척하는) 것이다. 예를 들면 "만약 지금 일하시는 회사의 CEO가 쓰러져서 당신에게 경영권이 주어진다면, 가장 먼저 바꾸고 싶은 게 무엇입니까?"같은 질문을 던져보는 것도 좋고, "회사에 이러 이러한 일이 생기면 어떻게 하시겠어요?"라든가, "조언을 주실 수 있을지는 모르겠지만, 혹시 새로운 투자자가 나타난다면 어떻게 하고 싶으세요?" 같은 질문을 할 수도 있다. 상대에게 이러한 질문을 던지면 상대 회사의 내부 업무가 어떻게 돌아가는지 파악하게 해 줄 귀중한 정보를 얻어낼 수 있을 것이다. 이러한 전략은 과시하기 좋아하는 상대에게라면 어느 상황에서나 효과적으로 활용할 수 있다.

"와, 정말 대단하시네요"라는 말로 상대를 추켜세우는 전략은 자부심 높은 전문가, 연구자, 기술직 종사자, 고위급 임원 등에게서 민감한 정보를 유도해내는 데에 효과적이다.

다음을 위한
연결포인트 찾기

자, 이제 훌륭한 미끼를 던져 상대를 대화로 끌어들였고, 효과적인 낚싯줄(칭찬, 비밀의 상호교환 등)을 활용하여 상대와 탄탄한 친밀감을 형성했다. 그 결과, 상대는 드디어 입을 열어 조금씩 정보를 털어놓기 시작했다. 어느 정도 시간이 흐르고 이제 다음을 기약하며 대화를 마무리한다. 그런데 만약 다음번에 만났을 때에 친밀감 형성부터 시작해서 모든 과정을 처음부터 다시 해야 한다면 어떻겠는가? 기껏 관계를 형성해 놓았는데 다시 만날 때마다 원점부터 시작해야 한다면 진짜 쓸 만한 정보를 얻어내기는 힘들 것이다. 여기에서 필요한 것이 바로 연결포인트다. 연결포인트란 먼젓번 대화를 통해 형성한 친밀감과 긍정적인 감정을 불러와서 새롭게 시작하는 대화에 자연스럽게 연결해주는 도구를 뜻한다.

상대와 다시 만났을 때에는 지난번 대화를 마무리 지었을 때와 비슷한 방식으로 새로운 대화를 시작해야 한다. 이렇게 해야만 지난번의 화기애애한 분위기를 그대로 끌어와서 활용할 수 있기 때문이다. 이를 위해서는 상대로 하여금 첫 만남의 긍정적인 측면을 다시 떠올리게 해야 한다. 다시 말해, 비밀 주체에게 지난번 우리와의 만남에서 받은 친밀하고 긍정적인 '느낌'을 상기시켜야 하는 것이다. 두 번째 대화에서 활용할 연결포인트는 첫 대화에서 찾을 수 있다. 상대와 대화를 진행하다 보면 상대가 유난히 긍정적으로 반응하는 부분이나, 갑자기 정보를 털어놓기 시작하는 부분이 있을 수도 있다. 이것이 바로 우리가 두 번째 대화에서 활용해야 할 '연결포인트'이다.

대화 중 상대를 잘 관찰하면 나중의 대화에서 연결포인트로 활용할만한 도구를 찾을 수 있다. 대화의 특정 부분에서 상대가 유난히 즐거워했다거나, 갑자기 평소보다 더 중요한 정보를 털어놓기 시작했다면 그 부분에 언급된 내용을 다음번에 연결포인트로 활용할 수 있다.

연결포인트는 다음 두 가지에 대한 비밀 주체의 반응을 관찰하여 찾을 수 있다.

- 우리가 비밀 주체에게 한 말
- 비밀 주체 자신이 한 말

연결포인트에는 긍정적인 연결포인트와 부정적인 연결포인트가 있다. 예를 들어 상대가 대화 도중 최근 죽은 자신의 애완동물

이야기를 했다고 치자. 그 말을 마친 상대는 갑자기 울적해진다. 나중에 상대를 만났을 때 애완동물 이야기를 굳이 꺼낼 필요가 있을까? 물론 아니다. 상대의 기분을 다시 상하게 할 수 있으므로 오히려 이 주제는 피해야 한다. 이것이 바로 부정적인 연결포인트다.

두 번째 만남에서 활용할 연결포인트는 상대가 긍정적인 반응을 보였던 것 중에서 선택해야 한다. 첫 대화에서 둘을 가깝게 만들어주었던 부분을 포착하여, 두 번째 대화 초기에 이를 언급함으로써 상대의 마음속에서 긍정적인 느낌을 이어가는 것이다. 이렇게 하면 첫 대화에서 들었던 친밀감이 금세 두 번째 대화로 이어질 것이다.

그럼 연결포인트를 실제로 활용하는 예를 살펴 보자.

당신은 비밀 주체와 대화 중이다. 그런데 당신이 제리 사인펠드 Jerry Seinfeld(미국 출신의 코미디언. 자신의 이름을 딴 시트콤 〈사인펠드〉로 유명함 – 옮긴이)가 정말 좋은 코미디언이라고 말을 하자, 상대는 씩 웃으며 사실 〈사인펠드〉의 에피소드 전편을 다 봤다고 말한다. 이것이 바로 우리가 찾던 연결포인트다. 상대에게 어떤 에피소드가 가장 재미있었느냐고 묻고 이에 대한 대화를 잠시 나누면 연결포인트는 더욱 강력해질 것이다. 예를 들어 상대가 특정한 명대사나 명장면을 꼽는다면 이것이야말로 나중의 대화에서 가장 긍정적인 연결포인트 역할을 해줄 수 있다.

예를 들어, 드라마에서 사인펠드가 뚱뚱한 우체부 뉴먼을 만날 때마다 못마땅한 말투로 "안녕, 뉴먼"이라고 말하는 장면이 제일 좋다고 상대가 말했다면, 우리는 이것을 연결포인트로 사용할 수 있다. 예를 들어 상대를 다시 만났을 때 아예 "안녕, 뉴먼"이라고 인사하는 것도 좋은 방법이다. 이 인사를 들은 상대는 사인펠드의 재미있는 장면을 떠올림과 동시에 지난 대화에서 드라마 얘기를 하며 당신에게 느꼈던 긍정적인 감정이 되살아날 것이다. 그리하여 첫 대화에서 둘 사이에 형성되었던 감정적 공감대는 이 연결포인트를 통하여 강화된다.

연결포인트는 긍정적인 주제 중에서 고르는 것이 가장 좋지만, 늘 그래야 하는 것은 아니다. 상대와 우리가 서로에게 비밀을 털어놓는 계기가 된 주제 또한 훌륭한 연결포인트가 될 수 있다.

예를 들어, 대화 중 당신이 상대에게 "제 상사는 제 일을 많이 지원하고 지지해줘요"라고 말한다. 그 말을 들은 상대는 상사가 자신을 잘 인정해주지 않아서 속상하다고 말하며 회사 내부에서 진행되는 일들을 털어놓기 시작한다. 이 경우 연결포인트는 상대의 상사다. 다음번 만났을 때에 심리적 미러링을 활용하여 다음과 같은 방식으로 연결포인트를 만든다면, 대화를 시작하면서 바로 지난번과 같은 정보 공유를 유도할 수 있을 것이다. "제 상사가 예전과는 다르게 제 업무를 잘 지원해주지 않아요. 요즘엔 제가 무슨 일을 하는지 신경도 안 쓴다니까요." 이 말을 들은 상대는 바로 다시 자신의 상사에 대하여 말하며, 지난번 대화에 이어 직장 내부에 대한 정보를 털어놓을 것이다.

연결포인트의 주제가 반드시 우리가 상대에게서 유도하려는 정보의 주제와 일치해야 하는 것은 아니다. 그저 대화 중에 상대가 반응을 보였고 우리와 더 많은 정보를 공유하려 했던 주제라면 충분하다.

예를 들어, 비밀 주체가 가족에 대하여 긍정적인 이야기를 한다면 맞장구를 치며 비슷한 가족 얘기를 나누면 된다. 정보 유도 시에는 주제에 상관없이 모든 정보 공유가 긍정적인 현상이다. 이렇게 가족에 대한 이야기로 대화를 진행하다가 은근슬쩍 우리가 알아내고자 하는 비밀 주제로 대화의 방향을 틀 수도 있다. 단, 기억해야 할 것이 있는데, 이 대화에서 찾은 연결포인트가 가족이라면 다음번 대화를 진행할 때에도 가족에 대한 이야기로 말문을 열어야 한다. 첫 정보 공유의 물꼬를 텄던 주제인 가족 이야기를 함으로써, 둘은 다시 정보 공유에 열린 상태가 될 수 있다. 첫 대화에서 쌓아올린 긍정적인 관계를 두 번째 대화에 연결하여 활용하는 것이다.

비밀 주체와 대화 중, 상대가 갑자기 긍정적인 반응을 보이거나 정보를 털어놓기 시작했다면 무엇이 이런 행동을 유발했는지 파악하고 이를 다음 대화에서 연결포인트로 사용해야 한다. 두 번째 만남에서 연결포인트를 활용하여 대화를 시작한다면, 지난번 대화에서와 같은 친밀한 정보 공유를 곧바로 시작할 수 있다.

Chapter 3. Key Points :

독자들의 기억을 돕고, 원하는 때에 쉽게 찾아볼 수 있도록 Chapter 3에 등장한 주요 내용을 아래와 같이 정리해보았다.

- '정보유도 미끼'는 상대의 주의를 끌어 단숨에 대화로 끌어들이는 일종의 대화 기술이다.
- 정보유도 미끼는 다음의 두 부분으로 구성된다.
  1. 상대가 동의할만한 말 : 당신과 비밀 주체가 공동으로 관심이 있는 주제, 서로 동의할 수 있는 주제 등을 골라야 한다.
  2. 그 말과 관련된 질문 : 대화가 싱겁게 마무리되지 않도록 상대의 대답을 유도하는 역할을 한다.
- '정보유도 낚싯줄'은 미끼로 상대를 끌어들인 후 대화를 이어가며 마음을 열게 하는 기술 혹은 전략이다.
- 정보유도 낚싯줄을 활용할 때에는 상대에게 진실한 모습을 보이는 것이 중요하다. 상대가 당신에게서 가식을 감지하는 순간 감정적 공감대는 깨져버리기 때문이다.
- 아래는 가장 효과적인 정보유도 도구다.
  - 칭찬하기
  - 비밀을 공유하여 비밀을 얻기

- 비밀 주고 받기

- 의심하기

- 의도적 거짓 활용하기

- "어차피 다시 뵐 일도 없잖아요"

- 공동의 적 만들기

- 반감 이용하기

- 희소성의 원칙 활용하기

- "정말 대단하시네요! 좀 더 얘기해주세요"

- 사람들은 가식적인 칭찬을 금세 알아보므로 칭찬으로 정보유도를 시도할 때에는 주의해야 한다. 칭찬은 대놓고 하는 것보다는 은근히 돌려서 하는 것이 좋으며, 가능한 경우 비밀 주체가 좋아하는 제삼자를 통하여 전달하는 것도 효과적이다.

- 상대에게 우리 자신의 비밀이 아닌 다른 사람의 비밀을 말하는 것은 금물이다. 상대가 비밀을 지키는 우리의 능력을 의심하게 되기 때문이다.

- 어떻게 하면 상대에게 우리의 입이 무겁다는 것을 알릴 수 있을까? "제 말 믿으세요"라고 말하는 것으로는 별 효과가 없다. 그보다는 다음과 같이 말하는 것이 훨씬 좋은 인상을 준다. "사실 어떤 사람이 제게 그 사안에 대한 기밀 사항을 알려주기는 했는데, 죄송하지만 말씀드릴 수 없어요. 절대 말하지 않겠다고 약속했거든요." 상대는 이러한 발언을 기준으로 우리의 신뢰도를 높게 평가할 것이고, 자신의 비밀 또한 나눌

수 있겠다고 생각하게 될 것이다.

- 새롭게 형성된 관계를 발전시키고 친밀감을 형성하는 가장 빠른 방법은 바로 '비밀'이라는 요소를 활용하는 것이다. 둘만의 비밀을 나누는 행위는 서로 느끼는 끌림을 증폭시키기 때문이다.

- 연결포인트의 주된 목적은 이전 대화에서 형성된 긍정적인 느낌과 친밀감을 두 번째 대화로 끌어와 연결하는 것이다.

- 대화 중 상대가 갑자기 긍정적으로 반응하거나 중요한 정보를 나누기 시작하는 시점이 언제인지 관찰하면 다음 대화에서 활용할 수 있는 연결포인트를 찾을 수 있다.

정보유도를 통한 실제 범죄 해결 사례 :

연쇄살인범이 털어놓은 '살인의 추억'

지금부터 소개할 내용은 2002년 2월 5일 캐나다 밴쿠버 외곽에서 검거된 연쇄살인범 로버트 윌리엄 픽턴Robert William Pickton에 대한 실제 수사기록에서 발췌한 것이다. 이 수사에 관련된 상세한 내용은 수년간 대중에게 공개되지 않았지만, 나는 이 책을 통하여 한 비밀요원이 어떻게 이 연쇄살인범의 위험한 비밀을 밝혀냈는지를 세상에 공개하기로 했다. 이 예시에는 우리가 지금까지 함께 살펴본 정보유도 기술이 복합적으로 등장하는데, 요원은 이러한 기술들을 교묘하면서도 효과적으로 활용한다. 독자들은 이 예시를 통하여 정보유도 기술이 실제 범죄 해결에 얼마나 큰 효과를 발휘하는지 직접 목격하게 될 것이다. 픽턴은 결국 모든 이에게 숨겼던 끔찍한 비밀을 처음 보는 요원에게 털어놓았다. 이것이 바로 정보유도의 힘이다.

사건 당시 신문에 실린 관련 기사들

2002년 2월 5일, 캐나다 밴쿠버

2002년 2월 5일, 캐나다 연방경찰은 밴쿠버 중심지에서 30분가량 떨어진 포트 코퀴틀람 지역에서 돼지 농장을 운영하는 로버트 윌리엄 픽턴이라는 남자가 불법 무기를 소지하고 있다는 신고를 받았다.

바람이 차던 그 날 밤 8시 30분경, 한 무리의 경찰관이 불법 무기소지에 대한 수색영장을 들고 픽턴의 농장에 도착했다. 조금 후인 8시 35분, 다 허물어져 가는 건물의 현관을 부수고 내부로 진입한 경찰은 픽턴을 체포했고, 그는 조사를 위하여 경찰서로 압송되었다. 불법 무기는 어렵지 않게 찾을 수 있었다. 그러나 경찰이 현

픽턴의 돼지 농장

장 수색 도중 발견한 것은 그뿐만이 아니었다.

우선 한 경관이 방 안에서 헤더 보틀리라는 이름으로 된 출생 신고서를 발견했다. 잠시 후, 픽턴의 사무실을 뒤지던 다른 경관은 회색 스키 가방을 발견했다. 가방 안에는 여러 가지 물건이 들어 있었는데, 그중에는 여성용 운동복 바지 한 벌과 세리나 애보츠웨이라는 환자의 이름이 쓰여 있는 천식용 흡입기도 포함되어 있었다.

두 여성 모두 마약, 매춘, 강도, 폭력이 끊이지 않는 밴쿠버의 슬럼가 이스트사이드에서 실종된 이들이었다. 사실 이 둘은 그 지역에서 실종된 수많은 여성 중 일부에 불과했다. 이 지역에서 매춘여성 실종사건이 끊이지 않자 경찰에서 브리티시컬럼비아 주 실종여성 조사 특별팀을 따로 구성하여 운영하기도 했다. 경찰은 슬럼지역의 매춘여성을 노리는 연쇄살인사건으로 가닥을 잡고 있었으나 따로 용의 선상에 오른 인물은 없었다.

불법 무기 소지죄로 체포된 픽턴은 16시간 만에 보석으로 풀려났지만, 자신의 농장으로 돌아갈 수 없었다. 경찰이 여성들의 연쇄실종사건과 관련된 새로운 영장을 발부받아 수색 중이었기 때문이다. 이 소식에 언론이 몰려들었고, 경찰 수색으로 출입이 통제된 농장 주변은 방송국 직원과 기자들로 인산인해를 이뤘다.

그로부터 16일 뒤인 2002년 2월 22일, 픽턴은 실종 여성 두 명에 대한 살해 혐의로 정식 기소되었다. 그는 혐의 일체를 부인했지만, 경찰은 그가 나머지 여성들의 실종에도 관련이 있을 것으로 보았다.

간수는 기소된 픽턴을 유치장으로 데려갔다. 당시 51세였던 그는 지저분하게 난 수염과 거의 대머리에 가까운 더러운 갈색 머리카락을 늘어뜨리고 있었다. 게다가 꾀죄죄하기까지 해서 온통 악취가 진동했지만, 그는 경찰의 권유에도 씻으려 하지 않았다. 픽턴이 입고 있던 옷을 압수한 경찰은 그에게 깨끗한 흰 티셔츠와 부드러운 회색 운동복 바지를 내주었다.

벽을 크림색으로 칠한 유치장은 약 3제곱미터 정도의 넓이였다. 양쪽 벽면에는 서로 마주 보는 모양으로 침대가 붙어 있었고, 안쪽 구석에는 간단한 변기와 세면대가 있었으며, 나머지 한쪽 면에는 복도로 열리는 문이 붙어 있었다. 픽턴과 유치장을 함께 쓸 동료는 척 봐도 거칠어 보이는 덩치 큰 프로 범죄자였다. 그는 간수를 보자마자 변호사에게 연락해달라고 고함을 치더니, 유치장을 다른 사람과 함께 쓰기 싫다며 욕을 퍼부어댔다. 유치장에 들어간 픽턴은 비어 있는 쪽 침대에 조용히 앉았다. 난폭해 보이는 눈앞의 사내가 사실은 경찰의 비밀요원이라는 것은 꿈에도 모른 채로 말이다.

필자는 캐나다 연방경찰에서도 훈련을 진행해본 적이 있는데, 캐나다 비밀요원들의 능력은 세계 최고 수준이었다. 보안상의 이유로 이 비밀요원의 신원을 밝힐 수는 없지만, 그가 최소한의 정보만 가지고 비밀임무에 갑작스럽게 투입되었다는 점은 알아주기 바란다. 요원에게 주어진 정보라고는 두 건의 살인 혐의로 기소된 51세 남성과 유치장을 함께 쓰게 될 것이라는 내용, 그리고 사건 내용을 간략하게 기록한 사건부가 전부였다. 갑자기 투입된 지라 이 요원에게는 상대를 연구하고 평가할 충분한 기회가 주어지지 않았다. 그래서 픽턴의 비밀을 유도해내기 위하여 그가 쓸 수 있는 수단이라고는 간접 정보유도 기술(2, 3장에 소개된 기술들과 동일)과 녹음기, 그리고 유치장에 비밀리에 설치한 카메라뿐이었다.

이제부터 소개할 내용은 픽턴이 체포된 후 사흘간 비밀요원과 함께 지내면서 나눈 대화 녹취록의 발췌본이다. 실제 녹취 내용을 받아 적은 것이다 보니, 기술적인 문제가 있거나 대화가 겹쳐서 내용 파악이 불가능한 부분도 있었다. 대화 중간에 비는 부분이 있는 것은 그 때문이다. 그래도 앞서 소개한 사건의 개요를 파악하고 있다면 대화 전체 내용을 이해하는 데 어려움은 없을 것이다. 대화를 쭉 읽어나가다 보면 비밀요원의 탁월한 간접 정보유도 기술과 심리적 미러링으로 둘의 관계가 점차 변화하는 것을 알 수 있다. 이들은 일면식도 없는 낯선 관계에서 점차 비밀을 털어놓을 수 있는 친구 관계로 발전해갔으며, 그에 따라 처음에는 모든 혐의를 완강히 부인했던 픽턴도 결국 자신이 49명에 이르는 여성을 살해했다는 사실과, 그중 일부의 사체를 유기한 장소를 털어놓았다. 픽턴에게 이 요원은 비밀을 털어놓고 싶은 '특별한 사람'이 된 것이다.

심리적 미러링과 '공동의 적'이라는 정보유도 낚싯줄

픽턴 간수가 그러는데 날 1급 살인 두 건으로 기소한다는군.

요원 진짜? 그 정도면 좀 심각한데?

픽턴 그거 알아? 가끔 죄가 없이도 감옥에 가는 사람들도 있어.

요원 가끔이라고? 그런 개 같은 일이야 널리고 널렸지. 그래도 지들이 증명 못 하면 별수 있어?

픽턴 뭐라고?

요원 증거도 없이 사람을 가두는 게 말이 되냐고.

픽턴 증거는 무슨, 저놈들은 그냥 잡아다 가두면 끝이야.

요원 그냥 잡아오면? 증거 없이는 어차피 오래는 못 잡아둬. 내 말 믿으라고.

픽턴 아냐, 나한테 뒤집어씌울 수도 있어.

요원 정말?

픽턴 염병, 그걸 말이라고 해? 당연하지. 경찰 놈들은 어차피 다 더러운 놈들이야.

요원 맞아. 못 믿을 놈들이지. 맞는 말이야.

픽턴 절대 못 믿지. 이런 개자식들을 어떻게 믿어.

요원 맞는 말이지, 맞는 말이야.

픽턴 어차피 맘만 먹으면 증거 따위는 날조할 놈들이야.

요원 그래, 저놈들이라면 그러고도 남지.

픽턴 내 말 믿으라니까. 다 만들어낼 놈들이야. 날 좀 보라고. 내가 1급 살인, 그것도 두 건이라니.

요원 음…

픽턴 난 아무것도 모른다고.

발췌 2 :

심리적 미러링과 '의심', '칭찬'의 정보유도 낚싯줄

픽턴 (고개를 끄덕이며) 난 그냥 별 볼 일 없는 돼지 농장 주인이라고.

요원 돼지 농장? 그럼 댁이 설마 언론에서 말하는 그… (언론에 보도된 내용을 이야기한다). 어쩐지 비범해 보이더라니. 농장은 무슨, 그딴 거 할 사람으로 안 보이는데?

픽턴 일하고 있는데 경찰 놈들이 들이닥쳐서는 (해독불가)… 그러더니 갑자기 내 총을 압수하고 감옥에 가두더라니까.

요원 그런 식으로 하면 안 되지.

픽턴 그러더니 갑자기 살인 혐의로 기소를 하데? 그것도 50건이나! 50건이라니, 미친놈들.

요원 정말 미친놈들이군. 어차피 못 해.

픽턴 내가 50명을 죽였다니 말이 돼?

요원 그러게 말이야. 그렇긴 한데, 어쨌든 못 믿겠어.

픽턴　뭘?

요원　아까 그 얘기 말이야. 거짓말이지? 돼지 농장 주인으로는
　　　안 보인다니까.

발췌 3 :

'칭찬'과 '정말 대단하시네요! 좀 더 얘기해주세요'라는 정보유도 낚싯줄

픽턴　이제 난 전 세계에 얼굴이 팔렸어. 구석구석까지. 빌어먹을
　　　홍콩에까지 알려졌다고.

요원　이런, 내가 유명 인사를 몰라 뵀네.

픽턴　뭐라고?

요원　대스타라고. 뭐 그래도 괜찮겠지.

유치장에 비밀리에 설치된 카메라에 찍힌 픽턴의 실제 모습

픽턴 홍콩이라고, 홍콩.

요원 이러다 투탕카멘이나 사담 후세인처럼 유명해지겠어.

픽턴 사담 후세인이랑 비슷해지는 것도 나쁘지 않겠지…

발췌 4 :

공통점 강조와 '비밀을 공유하여 비밀을 얻기'라는 정보유도 낚싯줄

픽턴 그래서 댁은 왜 들어온 거야?

요원 진짜 알고 싶어? 뭘 알고 싶은데? 우리끼리만 하는 말인
      데, 이스트사이드 쪽에서 꽤 큰 사고를 쳤다고만 해두지.

픽턴 뭐, 보증 사기라도 쳤어?

요원 설마 그딴… 대형 사고라고.

픽턴 뭔데?

요원 맞춰봐. 댁이 무슨 일로 들어왔다고 했지?

픽턴 나야 살인 미수, 아니 살인 두 건이지.

요원 그래. 그거야 살인 미수.

픽턴 살인 미수라고?

요원 그래. 이스트사이드 쪽에서.

발췌 5 :

'비밀 주고 받기'라는 정보유도 낚싯줄

(간수가 유치장에 식사와 함께 커피를 넣어주었다. 이때 커피를 안 마시는 픽턴을 위해 비밀요원이 친절을 베푼다. 요원과 비슷한 방식으로 친절을 갚을 수 없었던 픽턴은 그 대신 더 많은 정보를 내어놓는다.)

요원　(식사를 보며) 뭐지?

픽턴　글쎄. 모르겠네.

요원　그래 봤자 콩 나부랭이겠지.

픽턴　이건 (해독불가). 으, 커피잖아.

요원　커피 안 마셔?

픽턴　안 마셔.

요원　진짜?

픽턴　그래.

요원　그럼 간수한테 얘기해서 주스 같은 거라도 달라고 해봐.
　　　가져다줄 거야.

(몇 분 후)

요원　간수! 혹시 주스나 물 같은 건 없나요?

간수　없어. 물은 그 안에 수도꼭지 있잖아… 주스가 있었던가.

요원　혹시 컵은 없어요?

픽턴 난 커피는 안 마셔.

요원 커피는 안 마신대요.

간수 커피를 안 마신다고?

요원 네.

간수 알았어, 기다려봐. 주스를 가져다주지.

발췌 6 :

탁월한 심리적 미러링과 '칭찬'이라는 정보유도 낚싯줄

(비밀요원은 대화 중 픽턴이 동생을 존경한다는 것을 깨닫고 이
를 심리적 미러링에 활용하여 강한 심리적 연대감을 형성한다.)

요원 그래, 어쨌든 자기 앞가림은 자기가 하는 수밖에 없지.

픽턴 내 동생이 자주 하던 말이군.

요원 여기 경찰 자식들이 우리 같은 놈들한테 신경이나 쓸 것 같아?

픽턴 동생도 그게 걱정이라고 했어.

요원 동생이 아주 똑똑하군. 세상 사는 법을 좀 아나 봐.

픽턴 맞아.

요원 세상 물정에 아주 훤해.

픽턴 근데 동생이 이제 난 망했대.

요원 비행기라도 타고 쿠바 같은 데로 튀었어야지.

픽턴 난 그냥 평범한 농장 주인이라니까.

요원 이젠 아니야, 친구.

픽턴 그건 그래. 이제 전 세계가 날 알지.

요원 그래. 댁은 이제 전설이라고.

픽턴 맞는 말이야. 어딜 가도 날 다 알아보겠지.

발췌 7 :
공통점 강조, 심리적 미러링, 그리고 '칭찬'이라는 정보유도 낚싯줄

요원 성실하고 일 잘하게 생긴 인상이야.

픽턴 제대로 봤네. 농장 출신이라니까.

요원 나도 농장에 몇 년 있어봤거든.

(잠시 멈춤)

요원 아주 재밌었지.

픽턴 그래.

요원 사실 농장에서 자란 거나 다름없어.

픽턴 그래, 어릴 땐 재밌긴 하지.

요원 그래, 댁도 알지? 농장에서 놀면 재밌잖아.

픽턴 그래, 그렇긴 하지. 그래도 일거리가 많잖아.

요원 짐짝에서 건초로 뛰어내리기도 하고…

픽턴 난 일평생 성실하게 일했어.

요원   농장 생활이라는 게 그런 것 같아.

픽턴   맞아.

요원   물도 길어 와야 하고…

픽턴   기상 시간이 새벽 6시 30분이었어.

요원   아침부터 할 일이 많으니까.

픽턴   그렇지. 일어나서 밖에 나가서 우유도 짜야 하고.

요원   맞아.

픽턴   다시 들어와서 씻고, 학교 갈 준비도 해야 하고.

요원   그렇지.

픽턴   학교 갔다 오면 그 빌어먹을 우유는 또 짜야 해.

요원   맞아. 게다가 여물에다 물까지 날라다 줘야 하잖아.

(잠시 멈춤)

픽턴   난 정말 열심히 일했어.

요원   그래. 댁이 옳아. 돈은 원래 그렇게 벌어야 하는 거야. 성실
      하게 일해야 성공하는 거라고.

픽턴   그런데 살인 혐의라니. 난 모든 걸 잃을 거야.

요원   말도 안 되는 일이야.

픽턴   모든 걸, 내가 노력해서 얻은 모든 걸 말이야.

요원   아무리 경찰이라고 해도 지금까지 댁이 성실히 이룬 걸 빼
      앗아갈 순 없어.

픽턴   난 모든 걸 잃어도 내일 다시 일어나서 일을 할 거야. 내가
      지금까지 해온 일을 하고 사람들을 도울 거야.

216

요원   저런 놈들 때문에 변해서는 안 돼.

픽턴   뭐라고?

요원   변하지 말고 자신을 지키라고.

픽턴   그래. 변하지 않겠어. 변하지 않겠다고.

요원   그래. 들어보니 성실하게 살아온 게 느껴져.

발췌 8 :
'비밀을 공유하여 비밀을 얻기'와 '비밀 주고 받기'라는 정보유도 낚싯줄

(이 대화에서 비밀요원은 거짓 비밀을 털어놓음으로써 픽턴으로 하여금 이에 상응하는 비밀을 털어놓아야 한다는 의무감을 느끼게 한다. 이 시점부터 픽턴은 점점 더 많은 비밀을 털어놓기 시작하여 종국에는 일부 시체를 처리한 방식을 이야기하고, 49명을 죽였다는 사실을 인정한다.)

요원   처리가 항상 완벽해야 해. 내 생각에 그걸(시체를 의미) 처리
　　　하는 제일 좋은 방법은 바다에 던져버리는 거야.

픽턴   그래?

요원   바다에 던져버리면 어떻게 되는지 알아? 거의 흔적도 없이
　　　사라진다고.

픽턴   내 방법이 훨씬 나은 것 같은데.

요원 누구 방법이라고?

픽턴 나 말이야.

요원 이럴 수가. 그럼 역시?

(픽턴이 자리에서 일어나 요원에게 가까이 다가앉는다.)

픽턴 대형 분쇄기에 갈아버리는 거야.

요원 뭐라고?

픽턴 갈아버린다고.

요원 와, 진짜. 그 방법 정말 끝내주는데? 대단해.

픽턴 그렇다니까.

요원 그렇게 하면 정말 별로 남는 것도 없겠어.

픽턴 그래. 근데 나중으로 갈수록 일 처리가 너무 부주의해졌어.

요원 그래?

픽턴 그래서 결국 경찰 놈들이 들이닥쳤잖아. 빌어먹을, 처리가
 깔끔하지 못했어.

요원 꼼꼼하게 처리하는 게 중요하긴 하지. 처리를 할 때는 꼭…

픽턴 (해독불가)

요원 어쨌든 정말 대단한데? 아주 멋져.

픽턴 뭐라고?

요원 그렇게나 많이. 뭔가 비법이 있는 건가? 정말 대단해.

(잠시 멈춤)

픽턴 한 건만 더 하려고 했어. 그랬으면 딱 50인데.

요원 (웃음소리)

218

픽턴 마음이 급해서 부주의해진 거야. 그래서 (해독불가)를 제대
　　　로 못 한 거라고.

요원 그렇군.

픽턴 딱 하나만 더 하면 50을 채울 수 있었는데.

요원 대망의 50이군. 대단해, 50이면 빌어먹을 100의 반이라고.

(픽턴이 고개를 끄덕이며 웃는다.)

픽턴 그러니까 말이야.

　　　다들 (시체가) 몇 개냐고 묻지만, 난 절대 말 안 할 거야.

발췌 9 :

'정말 대단하시네요! 좀 더 얘기해주세요'라는 정보유도 낚싯줄

픽턴 정말 열 받아 죽겠다니까. 딱 하나만 더 해서 50을 채우고
　　　싶었는데.

요원 (웃음소리)

픽턴 그, 누구냐, 그 미국 놈보다 더 대단한 사람이 될 수 있었
　　　는데 말이지.

(픽턴은 그린리버 살인마로 알려진 게리 리언 리지웨이Gary Leon Ridgeway
에 대한 이야기를 하고 있다. 리지웨이는 픽턴이 체포된 해의 전년도에 체
포되었다.)

요원 그러게. 정말 맞는 말이야. 그럴 수도 있었는데.

픽턴 그놈 기록이 42명이었다는데.

요원 그렇다더군.

픽턴 42명이라.

요원 어쨌든 댁이 기록을 깬 것 같은데?

픽턴 그래, 대단하지. 아직 끝이 아니라고.

(잠시 멈춤)

픽턴 49명이라니!

요원 거의 다 된 거였는데.

픽턴 아깝지. 꼭 채우고 싶었는데.

요원 (웃음소리)

픽턴 딱 50까지 말이야.

요원 그래?

픽턴 아직 50을 채우지는 못했어.

요원 그래, 그렇지.

(잠시 멈춤)

픽턴 이럴 수가, 정말 믿을 수가 없어.

요원 (웃음소리) 나야말로 믿을 수가 없군. 이런 유명인사와 함께
      있다니. 두고 봐, 곧 사람들이 사인해달라고 쫓아다닐걸?

픽턴 그래, 대단하지. 적어도 그 그린리버 살인마 놈보단 대단해.

요원 그런가? 그놈은 몇 명이나 해치웠다고?

픽턴 42명.

(잠시 멈춤)

픽턴   어쨌든 내일 어떻게 될지 두고 봐야겠어. 내일은 일이 아주
      재밌게 돌아갈 거야. 일단 변호사 말대로 입 다물고 있어
      봐야지.

요원   잘 생각했어!

비밀요원은 픽턴과 함께 유치장에서 생활하며 우리가 3장에서 살
펴본 정보유도 낚싯줄을 다양하게 활용했다. 이에 덧붙여, 이 요원
은 픽턴에 대한 지속적인 심리적 미러링을 통하여 '호감'을 높여갔
다. 그 결과, 십여 년간 자신의 살인 사실을 숨겨온 끔찍하고 위험
한 살인마가 자신의 가장 내밀한 비밀을 털어놓게 되었다. 그것도
만난 지 얼마 되지 않은 낯선 이에게 말이다. 이것이 바로 효과적
인 정보유도의 힘이다.

   비밀요원의 탁월한 정보유도 실력과 철저한 법의학적 수사, 그
리고 경찰의 노고 덕에 픽턴은 총 26건의 살인 혐의로 기소되었고,
사법상의 이유로 우선 그중 6건에 대한 재판이 이루어졌다. 2007
년 12월, 픽턴은 이 6건의 2급 살인에 대한 유죄 판결과 함께 가석
방 없는 25년 징역형을 선고받았다. 이는 캐나다 사법부에서 2급
살인에 적용하는 최대 형량이다. 검사 측은 나머지 1급 살인 20건
에 대해서는 공익에 도움이 되지 않는다는 이유를 들어 기소를 진
행하지 않기로 결정했다. 이 사건의 조사와 재판에는 1억 2백만 달
러라는 엄청난 비용이 들었다.

Chapter 4.

당신도 스파이처럼 할 수 있다

우리는 지금까지 비밀의 본질, 비밀의 영향, 그리고 사람들이 비밀을 숨기는 이유를 함께 알아보았다. 또한 비밀 주체가 비밀을 털어놓도록 은근하게 유도할 수 있는 훌륭한 대화 기술도 배워보았다.

앞서 소개한 사건기록처럼 이러한 기술들은 방어적이고 용의주도한 연쇄살인범에게도 통할 만큼 효과적이다. 정보유도의 과정, 행동을 유발하는 동인, 비밀에 관련된 심리는 사람에 따라 다른 복잡한 분야며, 이 책에서는 세 가지가 복합적으로 다뤄진다. 이 복잡한 과정을 극복하고 상대의 정보를 유도해내려면 명확하면서도 그 효과가 입증된 정보유도 모델이 필요하다. 필자는 바로 이 필요에 답하고자 READ 정보유도 모델을 개발했다.

비밀 해제를 위한
실용적인 열쇠

영화에서는 스파이나 비밀요원들이 다짜고짜 상대에게 다가가 턱 밑에 총을 들이대며 정보를 내놓으라고 위협하는 장면을 종종 볼 수 있다. 그들은 상대에게 자백 약을 먹이거나, 은밀한 만남 장면을 찍은 사진으로 상대를 협박하기도 한다. 그러나 현실은 영화와 다르다. 적어도 아주 똑같지는 않다. 어쨌든 분명한 것은 우리 같은 일반인이 이런 방법을 활용할 수는 없다는 점이다. 다행스럽게도 좀 더 세련되고 효과적이면서도 합법적으로 상대의 정보에 접근할 수 있는 수단이 존재한다.

필자가 READ 정보유도 모델이라 이름 붙인 이 수단은 비밀요원들이 대규모 작전에서 실제로 사용하는 정교한 기술에 기반을 두고 만들어졌다. 이는 누구나 쉽게 따라 할 수 있으면서도 그 효과가 매우 탁월하다. 그럼 READ 모델을 자세히 소개하기 전에 이 모델이 처음 태어난 곳이자 그 효과가 입증되기도 한 곳, 비밀스러운 첩보의 세계를 먼저 살펴보자.

스파이들의
READ 활용법

비밀요원은 지원팀의 도움을 받아 비밀 정보를 캐내고자 하는 대상(비밀 주체)을 실제 접촉하기 전 수백 시간에 걸친 사전 프로파일링 작업을 수행한다. 이때 요원들은 대상의 전화사용 기록, 이동 기록, 소비 습관, 개인적으로 가입한 단체나 성적 기호에 이르기까지 가능한 한 모든 정보를 긁어모은다. 한 마디로, 비밀 주체의 삶의 모든 면을 관찰하는 것이다. 이 정보수집 단계의 가장 큰 목적은 상대가 좋아하는 것과 싫어하는 것, 강점과 약점 등을 파악하여 '성격 프로파일'을 개발하는 것이다. 이렇게 완성된 프로파일을 바탕으로 최선의 접근 방식과 시기가 결정되고, 대상에게서 정보를 유도하기에 가장 적합한 요원이 결정된다. 거의 대부분의 비밀 주체가 한 사람 이상의 타인에게 비밀을 털어놓는다는 사실과, 이들이 비밀을 털어놓는 대상은 친한 친구나 호감이 가는 인물인 경우가 많다는 내용은 이미 앞서 소개한 바 있다. 비밀요원과 지원팀이 상대에 대한 정보를 모으고 꼼꼼히 연구하는 이유가 바로 이것이다. 비밀요원이 상대의 '특별한 사람'이 될 수 있도록 최적의 상황을 만들고 대상과의 만남을 사전에 계획하기 위해서다.

그럼 이제 실제 예시를 한번 살펴보자.

사전 조사 정보를 보니 비밀 주체(주로 '목표물'이라고 불린다)는 골든 리트리버 품종의 개를 아주 좋아하고, 실제로 한 마리를 키우고 있는 것으로 드러났다. 또한, 티베트 문제에 대한 관심이 높고 티베트 사태를 안타까워한다. 이러한 경우에는 티베트계 요원이나 적어도 티베트계로 보일 수 있는 요원을 투입하는 것이 가장 이상적이다. 그러나 불행하게도 그런 요원이 없었기 때문에, 차선책으로 티베트에 관하여 해박한 지식을 가지고 있으며 관련 문제에 동정적인 입장을 잘 드러낼 수 있는 요원을 투입하기로 결정했다.

목표물과의 첫 접촉 전, 이 요원은 골든 리트리버에 대한 방대한 지식을 쌓았고, 심지어 애완견 대회에도 몇 번이나 방문했다.

사전 정보에 따르면, 비밀 주체의 자동차 열쇠고리에는 골든 리트리버 배지가 붙어 있었다. 요원은 이 배지를 '정보유도의 미끼'로 활용하기로 했다. 공항에서 줄을 서 있던 목표물과 '우연히' 만난 비밀요원은 비밀 주체에게 심리적 미러링을 실행한 후 '우연히 눈에 띈' 골든 리트리버 배지에 대한 이야기를 꺼내 미끼를 던졌다. 공통점을 발견한 이들은 애완견에 대한 '자연스러운' 대화를 이어갔다. 치밀한 사전 작업의 결과로 둘은 비행기에서도 나란히 앉게 되었고, 요원은 사전에 준비한 정보유도 낚싯줄 몇

가지를 동시에 활용하여 빠른 속도로 감정적 유대감을 쌓아나
갔다. 비행기에서 나눈 대화 내용 중, 후에 연결포인트로 활용할
수 있는 것들을 따로 기억해둔 것은 물론이다.

첫 번째 만남 이후에도 치밀하게 계획된 여러 번의 조우가 이어
졌다. 그러나 비밀 주체의 관점에서는 이 모든 것이 그저 유쾌한
지인과의 만남이었을 뿐이다. 어느 날 비밀요원은 사실 자기가
'티베트' 문제에 관심이 많다는 비밀을 상대에게 털어놓았고('비
밀을 공유하여 비밀을 얻기'), 둘 사이에는 감정적 연대가 형성되었
다. 이 비밀을 들은 상대는 이와 유사한 자신의 견해를 털어놓
았고, 이와 함께 둘의 관계에는 상호 신뢰가 싹텄다. 마침내 비
밀요원은 상대가 비밀을 털어놓을 수 있는 '특별한 사람'이 된
것이다. 이제부터는 뒤이을 몇 차례의 만남을 통하여 정보유도
를 시작할 수 있다. 물론 상대와의 관계와 이 모든 만남이 어떤
특별한 목적을 위해 의도된 것이었다는 사실은 절대 노출되지
않도록 주의해야 한다.

앞서 소개한 방법은 전 세계의 정보기관들이 조직 침투나 정보
유도 시 자주 활용하는 신뢰할만한 방법이다.

그러나 우리는 사람의 생사나 국가안보가 달린 정보를 유도하
거나 KGB 같은 조직에 침투하려는 것은 아니므로 실제 첩보기관
이 하듯 많은 인력이 투입된 대규모 작전을 펼 필요가 없다. 비록
우리에게 정보수집 팀, 법의학 팀, 심리 프로파일러 같은 지원팀은

없지만, 비밀요원들이 활용했던 정보유도 모델은 그대로 활용할 수 있다. 바로 READ 정보유도 모델을 통해서 말이다.

READ 정보유도 모델
자세히 들여다보기

READ Research, Engage, Access, Divert 는 상대의 비밀 정보를 해제하고자
할 때 활용할 수 있는 각 단계의 앞글자를 따와서 만든 이름이다.
이 모델은 장기와 단기, 그리고 직접과 간접 정보유도에서 모두 활
용할 수 있다. 각각의 단계는 모두 중요하며, 이전 단계가 성공적
으로 수행되어야 다음 단계를 제대로 실행할 수 있다. 상황에 관계
없이 정보유도 성공률을 높이고 싶다면 이 모델을 활용하는 것을
권한다.

● Research

  : 상대에 대해 연구하고 분석하기

  • 연구 : 상대에 대하여 가능한 많은 것을 알아내라. 상대를 연
   구할 수 있는 시간은 상황에 따라 몇 분이 될 수도, 몇 달이
   될 수도 있다.

- 평가 : 상대와 접촉하게 될 환경과 시점에서 상대가 보일 성격적 상태를 분석하라.

● Engage

: 미끼, 낚싯줄, 연결포인트를 활용하여 정보 유도하기

- 미끼 : 이전 단계에서의 분석을 바탕으로 적절한 정보유도 낚싯줄과 심리적 미러링을 활용하여 공통의 관심 주제에 대한 대화를 시작하라.
- 낚싯줄 : 상대와의 거리를 좁히고 신속하게 친밀감을 형성하기 위하여 정보유도의 낚싯줄을 던져라.
- 연결포인트 : 대화가 진행되는 중 상대가 긍정적으로 반응하거나 갑자기 정보를 공유하기 시작하는 부분을 기억해두라. 이러한 부분은 다음번 대화 시 첫 대화의 긍정적이고 친밀한 느낌을 그대로 재현하는 연결포인트로 활용할 수 있다.

● Access

: 비밀에 다가가기

- 비밀 정보에 접근하기 위하여, 상대와의 대화 중 비밀에 관련

된 주제로 자연스럽게 넘어갈 수 있는 계기를 찾아라. 단, 갑작스럽게 직접적인 질문을 던지는 것은 금물이다. 상대를 겁먹게 할 수도 있고, 대화가 끝나고 나서 상대가 찜찜하게 느낄 수 있기 때문이다. 만약 주제를 전환하려는 우리의 은근한 시도에 상대가 대화를 멈추려 하거나 선을 그으려 하면, 정보 유도 낚싯줄을 활용하여 친밀감을 형성하는 동시에 그 주제에서 다시 멀어지라. 상대가 의심하는 기색 없이 자연스럽게 정보를 털어놓기 시작한다면 열심히 경청하며 최대한 많은 정보를 모으고, 다음 단계에서 연결포인트로 활용할 수 있는 요소를 찾아 기억해두라.

● Divert

: 대화를 전환하여 긍정적으로 마무리하기

• 비밀 주제와 관련된 이야기를 나누고 나면 대화의 주제를 다시 전환해야 한다. 그렇게 해야만 대화가 종료된 후 상대의 마음에 비밀 주제에 관련된 내용이 크게 남지 않기 때문이다. 또 즐거운 분위기로 대화를 마무리해야 다음번 만남 또한 비슷한 분위기로 시작할 수 있다.

그럼 이제부터는 각각의 단계를 더욱 자세히 살펴보도록 하자.

내용을 읽다 보면 각 단계가 어떻게 들어맞아 가며 간단하고 효과적인 정보유도 전략을 형성하는지 알 수 있을 것이다.

Research :
상대에 대해 연구하고 분석하기

우선 가장 중요한 것은 비밀 주체를 파악하는 것이다. 그래야만 다음 단계에서 사용할 적절한 참여 유도 기술을 선택할 수 있고, 결과적으로 비밀 유도 성공 확률을 높일 수 있기 때문이다. 정보를 유도하고자 하는 목적과 상황은 다양하다. 비행기나 카페에서 우연히 만난 낯선 이에게 갑자기 궁금한 것이 생겨서일 수도 있고, 고객이나 환자, 또는 자녀가 숨기는 비밀을 알아내려는 것일 수도 있다. 혹은 중요한 투자 정보를 알아내기 위하여 치밀한 계획을 세우는 것일 수도 있다. 어떤 경우든 성공하기 위하여 가장 중요한 것은 바로 대상에 대한 연구와 분석이다. 상대를 잘 알아야만 가장 적합한 미끼와 낚싯줄을 고를 수 있고, 이를 통하여 첫 만남에서 친밀감을 형성할 수 있기 때문이다.

연구와 분석 단계는 경우에 따라 몇 분이 걸릴 수도, 몇 주가 걸릴 수도 있다. 그럼 이제 당신이 부동산 투자를 염두에 두고 어느 지역을 방문했다고 가정하고, 재빠르게 활용할 수 있는 연구 분석 방법을 함께 살펴보자. 우선 이러한 경우, 부동산 중개인에게 물어보는 것은 그다지 효과적이지 않다(어차피 사라고 부추길 테니 말이다). 그 지역에 대해 알아볼 수 있는 가장 좋은 방법은 인근에 거주하는 사람들에게 물어보는 것이다. 그러므로 이 상황에서는 인근 주민이 당신의 비밀 주체가 된다. 당신은 굳이 인근 주민에게 주택 구매나 부동산 투자를 계획하고 있다는 점을 알리지 않고, 정보유도를 활용하여 최대한 많은 것을 알아보고자 한다.

당신은 적절한 비밀 주체를 고르기 위하여 근처의 카페에 들어가 재빨리 손님들의 자세와 보디랭귀지를 훑어본다. 이때 어떤 사람을 고르는 것이 좋을까? 바쁜 사람보다는 한가해 보이는 느긋한 사람이 좋다. 상대가 바쁠 경우 무시당할 수도 있기 때문이다. 또한 가능하다면 상대가 편안하게 느낄 수 있도록 당신과 비슷한 옷차림을 한 사람을 고르는 것이 좋다.

실제로 대상에게 접근하기 전에는 최대한 오래 관찰하는 것이 좋다. 상대가 입은 옷의 종류와 품질을 꼼꼼히 살펴보자. 이때 신발을 주의 깊게 살펴보면 도움이 된다. 신발에는 의외의 정보가 숨어 있는 경우가 많기 때문이다.

예를 들어, 오른쪽 발가락 부분이 헤져 있다면, 상대는 오토바이를 타는 사람일 수도 있다(주로 이 발로 기어를 바꾸기 때문이다). 신발에 페인트가 묻어 있다면 화가나 주택 수리업자일 가능성이 있다. 신발의 질은 좋아 보이지만 닳아있다면, 최근 경제적 어려움을 겪은 사람일 수도 있다. 물론 신발 하나만으로 모든 것을 파악할 수는 없지만, 상대를 전체적으로 분석하는 데 필요한 중요한 정보를 얻을 수는 있다. (물론 상대가 누군가의 신발을 빌려 신고 있다면 어쩔 수 없겠지만 말이다.)

그럼 이제 눈을 돌려 상대를 파악할 수 있는 더 확실한 실마리들을 찾아보자. 실마리는 회사 명찰, 상의에 쓰여 있는 단체 이름, 벨트에 새겨진 문양, 모자에 쓰여 있는 회사 이름 등이 될 수도 있고, 국적, 인종, 군대, 범죄 조직, 가족에 관련된 문신이 될 수도 있다. 많은 사람들이 회사 명찰을 목에 걸고 다니거나 사무실을 떠나며 허리에 차기도 한다. 날카로운 관찰의 눈만 있다면 이를 통하여 상대의 이름, 회사, 직함, 심지어 보안 레벨까지 파악해낼 수 있다. 그런가 하면 지갑의 투명 창 부분에 운전면허증이나 주민등록증, 혹은 병원 진료용 카드를 넣고 다니는 사람들도 있다. 이런 경우에는 계산할 때 자신의 이름, 생년월일, 거주지 주소, 심지어 다른 가족의 이름까지 드러날 수도 있다.

만약 독자들 중에서도 이런 사람이 있다면, 당장 모든 신분증을 지갑의 깊숙한 곳으로 옮기기를 권한다. 도둑은 운전면허증을 한 번 훑어보기만 해도 매우 중요한 두 가지 정보를 얻을 수 있다. 당신의 거주지 주소와 당신이 현재 집에 없다는 사실 말이다.

그럼 이제 다시 우리의 예시로 돌아가 보자. 당신은 카페에 들어가 커피를 사려고 줄을 서서 기다리는 몇 분 동안 상대의 시계, 장신구, 화장법, 전체적인 차림새 등을 재빠르게 관찰한다. 이렇게 수집한 정보를 조합하면 상대가 전문가인지, 상인인지, 관광객인지, 실직자인지, 영업사원인지 등을 판단할 수 있다. 가끔은 이 정도의 분석으로도 충분하다. 이런 식으로 재빨리 상대를 평가할 때는 직감을 믿고 자신감을 가지는 것이 좋다. 가끔은 틀릴 때도 있겠지만, 대부분의 경우 예상을 크게 벗어나지 않을 것이다. 그리고 만약 당신의 추측이 틀렸다고 하더라도, 이 책을 통하여 갈고닦은 새로운 기술들을 활용하면 무리 없이 즐거운 대화를 이끌어나갈 수 있다.

환자, 고객, 학생을 처음 만났을 때도 이런 식의 짧은 분석을 활용할 수 있다. 이 경우 대부분 1~2분 안에 평가를 마치는데, 추측이 100% 들어맞지 않을 때도 있지만 크게 상관없다. 상대와 접촉하고서 유연한 자세로 대화를 조정해 나갈 수만 있다면, 우리가 원하는 정보를 얻어내기가 크게 어렵지는 않을 것이다.

그런가 하면 시간이 더 많이 걸리는 심층적인 연구와 분석이 필요한 경우도 있다. 상대는 잠재 고객이나 사업 파트너, 혹은 경쟁자일 수도 있다. 이런 경우에는 정확한 연구와 분석이 매우 중요하기 때문에, 가능한 모든 방법을 동원하여 상대에 대한 프로파일을 작성해야 할 수도 있다. 일반적으로 상대에게서 얻어내고자 하는 정보의 중요성과 목표물 분석에 투자하는 시간은 비례한다고 볼 수 있다.

필요하다면 이 단계에서 사립탐정의 도움을 받을 수도 있지만, 요즘에는 상대를 직접 만나지 않고도 페이스북, 링크드인Linkedin, 구글, 회사 홈페이지 등을 통해서 많은 정보를 수집할 수 있다. 선거 명부나 기타 공공 기록을 통해서 주소를 얻는 것도 어렵지 않다. 또, 이 주소를 구글어스Google Earth에 입력하면 지도와 사진을 볼 수 있으므로 집의 크기나 차의 종류까지도 알아낼 수 있고, 심지어는 마당에 보트가 있는지, 잔디를 제대로 깎는지, 수영장 청소를 잘하는지까지도 파악할 수 있다. 이렇게 모은 모든 정보를 조합하면 상대가 어떤 사람인지를 보여주는 전체적인 그림이 완성되고, 이는 정확한 분석으로 이어진다.

만약 비밀을 캐내고 싶은 대상이 직장 동료라면 사무실이나 책상을 관찰하는 것만으로도 무수한 정보를 얻을 수 있다(물론 무단침입을 할 필요도 없이 말이다). 책상 위의 사진, 자격증이나 수료증, 책 등 모든 것이 상대에 대한 정보를 알려준다.

단, 비밀 주체를 연구한 기간이 1분이든 1개월이든, 적합한 미끼와 낚싯줄을 선택하려면 상대와 접촉하게 될 시점에서의 성격적 상태를 파악해야 한다.

상대의 성격을 파악해야 한다고 해서 기술적이고 전문적인 성격검사가 필요하다는 얘기는 아니다. 심리측정 검사나 성격유형 프로파일링을 공부해야 한다는 얘기도 아니다. 그저 지금까지 살아온 경험과 수년에 걸쳐 많은 사람들을 관찰해온 경험이면 족하다. 그러나 우리가 관찰해야 할 것은 상대의 성격뿐만이 아니다. 우리가 정말 알아야 할 것은 우리가 상대를 만날 그 시점과 상황에서의 성격이다. 즉, 성격과 기분을 종합적으로 생각해야 하는 것이다.

언뜻 들으면 복잡하게 느껴질 수도 있지만 실제로는 매우 쉽다.

일부 프로파일러나 심리학자들은 관련된 자격증이나 복잡한 성격 프로파일링 도구도 없이 상대의 성격을 정확히 파악하는 것은 불가능하다고 할지도 모른다. 하지만 이들의 말을 믿어서는 안 된다. 필자가 생각하기에 대부분의 사람들은 상대를 짧게 만나거나 관찰하는 것만으로도 상대의 성격적 상태를 어느 정도 파악할 수 있다. 이것은 인간이 지금까지 갈고닦아온 자연스러운 능력이기 때문이다.

먼 옛날 인류가 처음 지구에 등장했을 당시로 돌아가 보자. 인류는 거친 환경 속에서 상대가 자신에게 위협적인지, 친근한지, 안전한지, 좋은 리더인지, 좋은 부양자인지, 좋은 배우자인지를 판단하며 살아남았다. 그리고 지금의 우리는 그로부터 진화한 존재다. 바로 이러한 이유로 이 분야에서 보이는 인간의 직감과 판단은 대부분의 경우, 옳다. 어차피 그렇지 않은 이들은 다윈이 말하는 적자생존의 법칙에 따라 이미 수 만 년 전 번식에 실패했거나 동굴 속에서 도태되었을테니 말이다. 또한 진화론적 측면에서 우리에게 주어진 능력 외에도, 우리는 가족, 사회적 인간관계, 직장생활 등을 경험하며 이 능력을 개인적으로 개발하여 다른 사람을 분석할 능력을 갖추게 된다.

목표물의 최근 성격 검사 결과지를 손에 넣을 수 있다고 하더라도, 상대의 행동 자체는 내부적인 요인이나 외부적 자극원에 의하여 얼마든지 변할 수 있다. 예를 들어, 성격 유형 검사에서 '사회적 교류보다는 사색을 즐긴다. 조용하고 침착하며 유연하고 적응을 잘한다'라는 진단 결과를 받은 사람이 예상외로 외향적이고 사회적으로 활발한 모습을 보일 수도 있다.* 가능성은 여러 가지다. 그날따라 기분이 좋아 들떴을 수도 있고, 월급이 올랐을 수도 있으며, 술을 마시거나 심지어 마약을 했을 수도 있다.

사람의 기분과 행동은 시간과 환경에 따라 얼마든지 변할 수 있다. 수면 시간, 섭취한 음식, 스트레스 등 내부적 요인에서부터 더위, 추위, 소음 등 외부적 자극요인까지 많은 것들이 영향을 끼친다. 세상에는 아침에 눈을 뜨자마자 생기가 넘치는 '아침형 인간'이 있는가 하면, 첫 커피를 마시기 전까지는 말도 붙이기 어려운 사람도 있다. 평상시의 성격 유형이 어떻든 간에, 성격적 상태는 여러 내부적·외부적 요인의 영향으로 늘 변화한다.

백화점이 떠나가라 우는 아기를 안고 있는 엄마나 발을 구르며 떼를 쓰는 아이를 달래는 아빠에게 농담을 한번 던져보라. 세상에서 가장 재미있는 농담이어도 상대는 입술 한 쪽도 씰룩하지 않을 것이다. 아무리 차분하고 이해심 깊은 부모여도 (그 순간에는) 유머감각을 발휘할 수 없다. 이 상황을 즐길 만한 사람이라면 이미 예전에 비슷한 상황을 수도 없이 겪은 다른 부모들, 즉 다 큰 자녀와 함께 쇼핑을 온 사람들이나 조부모들뿐일 것이다. 직접 겪었던

---

* 이 예시는 이러한 성격 유형 검사를 비판하고자 든 것이 아니라, 시간, 공간, 개인의 기분에 따라 타인과의 교류 성향이 변할 수 있다는 점을 강조하기 위한 목적으로 소개한 것임을 밝힌다.

순간에는 너무나도 힘들었지만, 다 지나고 다른 사람이 겪는 것을 보니 이상하게도 슬며시 웃음이 나는 상황인 것이다.

성격적 상태의 예로는 다음과 같은 것들이 있다.

- 매우 의욕적이며 분주함
- 편안하고 느긋함
- 피곤하고 졸림
- 에너지가 넘침
- 유머러스하며 잘 웃음
- 진지하며 내성적임
- 친근하며 외향적임

위의 목록은 물론 비밀 주체가 나타낼 수 있는 성격 상태 중 일부에 불과하다. 심리학자들이 이런 목록을 본다면 전문적인 심리 측정을 통한 성격 유형이 아니라며 황당해 할 수도 있다. 그러나 필자가 보증하건대 이는 상대에게 정보를 얻어내기 위한 분석에 효과를 톡톡히 발휘한다. 평범한 일반인인 우리가 복잡하고 어려운 심리 도구까지 배워야 할 필요는 없다. 그저 상대를 만났을 때, 본능에 따라 판단하면 충분하다. 거기에 상대에 대한 연구와 관찰로 얻은 정보를 모두 활용한다면, 충분히 정확한 분석을 얻을 수 있을 것이다.

Engage :
미끼, 낚싯줄, 연결포인트를
활용하여 정보 유도하기

비밀 주체에 대한 연구와 분석을 완료했다면 다음 단계는 상대가 대화에 적극적으로 참여하게 만드는 것이다. 정보유도를 위한 미끼, 낚싯줄, 연결포인트에 대한 내용은 3장에서 이미 자세히 살펴본 바 있다.

첩보세계에서 대화를 '유도'한다는 것은 단순히 상대와 말을 주고받는다는 의미가 아니다. 여기서 대화 유도는 대화에 방해가 되는 요소를 모두 제거함으로써 상대가 적극적으로 말하게 하는 것이다. 그리고 대화 참여를 유도하는 가장 큰 목적은 빠른 시간 내에 상대와 친밀감을 형성하여 정보를 나누는 관계로 발전하는 것이다. 일상적인 대화만으로 이런 관계를 만드는 것은 불가능하지만, 대화 참여 유도가 적절히 이루어지면 상대는 대화가 정말 즐거웠다고 생각하게 되어 이후 우리를 더 가깝게 느낄 것이다.

1단계에서 (길든 짧든) 상대에 대한 연구를 훌륭히 수행했다면, 어떤 미끼가 가장 효과적일지 느낌이 올 것이다. 이에 더해, 접근하기 직전에 상대를 관찰한다면 그 순간에 나타난 성격적 상태를 알 수 있다. 이를 잘 활용한다면 (상대와 유사한 감정 상태를 내보이는 방법으로) 심리적 미러링을 수행할 수 있을 것이다.

참여 유도 단계에서는 의미 있는 대화를 하는 것이 중요하므로, 대화가 끊기지 않게 잘 이끌어야 한다. 단, 이 단계에서는 비밀 자체에 대한 대화가 아닌 공통의 관심사에 대한 대화를 나눠야 한다. 너무 성급히 상대와의 친밀감을 형성하려 해서도 안 된다. 친밀감은 인내심을 가지고 미끼와 낚싯줄, 연결포인트를 활용하는 과정에서 자연스럽게 자리 잡게 될 것이다. 이 단계에서는 (공통의 문제나 주제에 대한) 일반적인 정보를 나누며, 상대에게 서로 같은 견해와 감정을 공유하고 있다는 인상을 주는 것이 가장 중요하다. 즉, 상대와 나란히 같은 쪽에 서는 것이다.

이 시기에는 대화가 끊기지 않게 계속 이어가야 한다. 상대가 꺼내는 이야기에 맞춰 대화를 이어가다 보면, 상대는 우리에게 감정적인 친밀감을 느끼며 더 많은 대화를 나누고 싶어 할 것이다. 사람들은 이런 대화와 같은 교류를 통하여 타인을 평가한다. 살아오며 습득한 여러 기술을 활용하여 상대의 '호감'을 사는 것이 중요하다. 호감은 긍정적인 보디랭귀지를 통해서도 강화될 수 있다.

- **우호적으로 눈을 맞추라** : 상대가 말하는 중에도, 우리가 말하는 중에도 방안을 둘러보는 것을 삼가야 한다. 이는 관심이 없음을 나타내기 때문이다. 그렇다고 무섭도록 노려보지는 말고, 지금 내 눈앞의 상대가 그 방안에서 가장 흥미로운 사람인 것

처럼 바라보며 집중하라. 상대는 당신과의 유대감을 느끼기 시작할 것이다.

- **팔다리를 꼬지 말라** : 이러한 행동은 상대를 경계하는 것 같은 방어적인 인상을 준다.

- **머리를 사용하라** : 상대의 머리와 비슷한 높이에 머리를 두라. 상대의 말에 고개를 끄덕이며 관심과 동의를 표하라.

- **긴장을 풀고 느긋하게 행동하라(안 되면 그런 척이라도 하라)** : 느긋하고 열린 자세를 취하라. 긴장을 숨기려면 몸에 힘을 빼고, 팔다리가 떨리지 않게 테이블 위나 의자 다리 등에 기대는 것이 좋다. 사람들은 초조해 하거나 경직되거나 차가운 반응을 보이는 상대를 불편해하며, 그 결과 제대로 된 의사소통은 어려워진다. 자꾸 움츠러드는 자신과 맞서 싸우라. 편안한 자세를 취하려 노력하되 안하무인으로 보일 수 있으니 상대의 공간까지 침해하지는 않도록 주의하라.

- **몸을 앞으로 숙이라** : 상대의 이야기를 들을 때는 몸을 살짝 앞으로 숙이라. 몸을 뒤로 기대면 거만하거나 무관심해 보일 수 있고, 상대에게 너무 가까이 다가가면 위협적이거나 불쌍해 보일 수 있으니 주의하라. 상대에 대한 관심을 표현할 수 있

을 정도로만 다가가라.

- **미소 지으라** : 사람들은 긍정적인 사람에게 자연스럽게 끌린다. 상대를 만날 때 미소를 짓고, 늘 웃을 준비를 하라. 불만에 가득 찬 상대에게 심리적 미러링을 시도할 때도 상대의 기분에 맞추되 상황을 가볍게 만드는 등의 노력을 해서 상대의 기분을 좀 더 긍정적인 방향으로 이끌어라. 그렇다고 억지로 계속 웃는 것은 금물이다. 진심 어린 미소를 가장하기는 어려우므로, 오랫동안 억지로 웃고 있으면 가식적으로 보일 위험이 있다. 사람들은 친근한 표정을 편하게 생각하고 쉽게 받아들이므로, 별다를 것 없는 보통 미소를 짓는 것이 좋다.

- **얼굴을 만지지 말라** : 사람들이 거짓말을 할 때 나타나는 징후 중 하나는 자꾸 얼굴을 만지는 것이다. 특히 코를 만지는 사람들이 많은데, 이는 스트레스나 불안을 느낄 경우 코 안의 발기 조직으로 가는 혈류량이 늘어 간지럽기 때문이다. 그러므로 얼굴을 자주 만지면 상대는 당신이 거짓말을 하고 있다고 생각할 수 있다.

- **행동 미러링을 활용하라** : 두 사람이 대화에 깊이 빠져들면 자신들도 모르게 서로의 행동이나 자세를 따라 하게 된다. 의식적으로 비밀 주체의 행동을 미러링하면, 상대와의 유대를 더 높

일 수 있다. 행동 미러링을 할 때에는 상대가 대화 중 보이는 행동을 아주 짧은 시간 후 어색하지 않게 조금씩 따라 해야 한다. (경고 : 대부분의 사람들이 보디랭귀지나 행동 미러링에 대해 알고 있으므로, 이를 활용할 때에는 주의가 필요하다. 만약 상대가 당신의 행동을 간파한다면, 당신을 신뢰할 수 없는 가식적인 사람이라고 생각하게 될 것이다.)

대화를 진행할 때에는 유연한 태도를 견지하며 상대의 변화에 따라 심리적 미러링을 조정하는 것이 필요하다. 상대에 대한 분석에서 엇나가는 부분이 있을 수도 있고, 대화가 진행되며 상대의 기분에 변화가 생길 수도 있기 때문이다. 한 사람의 공식적인 이미지와 실제 성격은 그야말로 천지 차이일 수도 있다. 상대가 지루한 이야기를 할 때에도 적절히 맞장구를 치고 의견을 제시하며 서로의 공통점을 강조해야 한다. 물론 상대의 이야기에 시비를 거는 것은 절대 금물이다.

상대가 비밀을 털어놓을지 말지를 고민하며 우리를 평가할 때 가장 중요하게 보는 두 요소는 바로 진정성과 신뢰성이다. 세상에 완벽한 사람은 없다. 그렇기 때문에 우리는 문제나 잘못을 인정하지 않는 사람을 만나면, 그 사람이 뭔가를 숨기고 있다고 생각하게 된다. 일단 이런 인상을 받으면 그 사람에게는 비밀을 털어놓고 싶은 생각이 들지 않는다.

비밀 주체의 신뢰를 사고 싶다면 대화를 나누는 중 과거의 실수담을 (만들어서라도) 한두 개쯤 이야기하는 것도 좋다. 만약 비밀 주체가 후회스러운 사건이나 실수를 언급한다면, 이것이야말로 비슷한 경험을 이야기할 절호의 기회다. 비슷한 이야기를 나눔으로써 서로 더 가까워질 수 있고, 상대의 신뢰를 살 수 있으며, 인간적인 면 또한 부각시킬 수 있다.

친밀감을 높여주는 대화를 이끌어가며 적절한 미끼와 낚싯줄, 그리고 연결포인트를 활용해보자. 그러다 상대가 긴장을 푼 것이 느껴지고 서로 간에 긍정적인 유대 관계가 형성되었다고 판단되는 순간이 오면, 대화의 방향을 우리가 찾고 있는 비밀 주제 쪽으로 서서히 돌리면 된다.

Access :
비밀에 다가가기

상대는 우리의 유도에 따라 2단계까지의 대화를 무척이나 즐기겠
지만, 우리의 입장에서는 아직 원하는 정보에 접근하지 못했다. 이
번 단계에서는 2단계까지의 노력을 통하여 쌓은 긍정적인 분위기
를 깨지 않으면서도 대화의 방향을 비밀 주제 쪽으로 이끌어야 한
다. 이는 상대가 우리에게 느끼는 친밀도와 신뢰도, 그리고 호감의
정도에 따라 쉬울 수도 있고 어려울 수도 있다.

　만약 이 책에 소개된 기술들을 적절히 활용하여 상대와 충분한
친밀감을 형성했다면, 이제 대화의 주제를 자연스럽게 우리가 원
하는 방향으로 몰고 갈 준비가 되었을 것이다. 그러나 아무리 이전
단계에서 일반적인 주제로 대화하며 친밀감을 쌓았다고 하더라도,
대중교통이나 개인적인 인간관계, 뉴스 기사 등의 얘기를 하다가
갑자기 비밀 주제에 대한 날카로운 질문을 던질 수는 없다. 감정
적 연대감이 아무리 강해도 이런 갑작스러운 질문을 던지면 상대
는 깜짝 놀라 방어벽을 높이게 된다. 이렇게 되면 상대와의 대화가
겉돌게 될 확률이 높고, 최악의 경우 상대는 우리에게 숨은 의도가

있다고 의심하게 된다. 물론 이는 사실이지만, 상대에게 이를 들켜서는 곤란하다.

우리가 상대를 돕기 위하여 비밀에 접근하려는 것이고, 상대가 우리의 이러한 의도를 이미 알고 있는 경우라도 갑작스러운 질문은 바람직하지 않다. 대화의 주도권이 상대에게 넘어가게 되어 상대가 우리의 접근을 아예 차단해 버릴 수도 있기 때문이다. 이런 상황이 벌어지게 해서는 안 된다. 주제를 부드럽게 전환하려면 상대와의 대화 중 비밀에 관련된 주제로 자연스럽게 넘어갈 수 있는 계기를 찾는 것이 중요하다.

우리의 목표는 상대에게 비밀에 대한 직접적인 질문을 던지지 않고도 자발적으로 정보를 털어놓게 만드는 것이다. 상대와 친밀감을 형성하고 주제 전환을 위한 자연스러운 계기를 포착하여 활용한다면, 상대는 우리를 더욱 가깝게 느끼며 자기도 모르게 비밀에 관련된 내용을 언급하게 될 것이다. 비밀 주체에게는 비밀 정보를 털어놓고 싶은 본능적인 욕구가 있다는 점을 기억하자. 우리가 할 일은 그저 그 정보가 우리에게 흘러오는 길을 닦아주는 것뿐이다.

대부분의 경우 2단계까지 파악한 상대에 대한 정보를 활용하면 대화의 방향을 비밀 주제 쪽으로 조종하는 것이 가능할 것이다. 만약 이것이 불가능하다면 비밀 주제에 관련된 간접적이고 포괄적인 질문을 던지는 것도 좋다. 물론 비밀 자체에 대한 직접적인 질문은 금물이다. 갑작스럽게 던지는 직접적인 질문은 상대를 겁먹게 할 수도 있고, 대화가 끝나고 나서 상대가 찜찜하게 느낄 수 있기 때문이다.

우리가 대화를 비밀 주제 쪽으로 전환하려고 하면 상대는 둘 중 한 가지 반응을 보일 것이다.

1. 상대가 대화 방향이 전환되는 것을 불편하게 느낀다면, 갑자기 새로운 주제를 꺼내는 등 분명한 신호를 보낼 것이다. 혹은 보디랭귀지에 변화가 나타날 수도 있다. 갑자기 팔을 꼬거나(방어), 몸이 굳거나, 눈을 피하고 탈출구를 찾듯 방을 둘러본다면, 상대는 대화에서 발을 빼려 하는 것이다. 이런 신호는 놓치지 말고 포착하여 적절히 대응해야 한다.

2. 상대가 불편하게 반응하는 경우, 노력과 주의를 기울여서 다시 안전한 주제로 돌아와야 한다. 비밀 주제가 당신과 잘 통한다고 느꼈던 주제(연결포인트)로 돌아가거나 새로운 공통의 관심사를 찾아보는 것도 좋다. 상대가 한 번 방어적인 반응을 보이기는 했지만, 그렇다고 해서 대화 도중 주제 전환을 다시 시도하지 말라는 법은 없다. 물론 가능하다면 인내심을 가지고 기다렸다가 다음번 만났을 때에 시도하는 것이 더 바람직하기는 하다.

3. 그런가 하면 상대가 긍정적인 반응을 보이며 비밀 주제에 관

런된 이야기를 꺼내기 시작할 수도 있다. 이런 경우, 상대의 말을 경청하며 최대한 많은 정보를 모아야 한다. 잘못했다가는 상대의 말을 멈추게 할 수도 있으므로 질문은 되도록 삼가는 게 좋다. 만약 상대가 말을 멈추고 정보를 더 털어놓아도 될지 심사숙고하는 것 같은 모습을 보인다면, 상황에 따라 아래의 방법을 활용해볼 수 있다.

• 누구나 그렇다며 상대를 안심시키는 보편화 발언 :

  – "당신과 같은 상황이라면 누구나 같은 기분일 거에요."

  – "어째서 그렇게 느끼는지 충분히 이해가 됩니다."

  – "어떤 때 보면, 이런 사고는 그냥 이유 없이 일어나는 것 같아요."

  – "같은 상황에 처해 있는 사람들이 정말 많아요."

  – "자라면서 겪기에는 참 힘든 일이지." (십 대 청소년에게)

  – "그냥 실수일 뿐이잖아요."

• 비밀의 중대성을 최소화시키는 발언 :

  – "재미있기는 한데, 그래도 저라면 크게 걱정은 안 하겠어요. 이 얘긴 우리 둘만 아는 걸로 할게요. 위키리크스Wikileaks도 아닌데요 뭐. 그냥 둘이 하는 얘기일 뿐이죠."

- 감정적 공감을 강화하는 발언 :
  - "그래요, 이런 얘기를 하는 게 참 힘들다는 것 저도 알아요. 하지만 가끔은 그냥 홀가분하게 털어놓는 것도 좋아요."

- 유사한 비밀 공유 :
  - 이것은 비밀 주체도 비밀을 공유해야 한다는 의무감을 높여준다.

1장의 '비밀의 유혹과 비밀 관계' 부분에 소개된 내용을 떠올려 보자. 사람들은 애초에 비밀이 아니었던 정보보다 원래는 비밀이었다가 공개할 수 있게 된 정보를 공유하고자 하는 욕구가 더 크고, 한 번 정보를 털어놓기 시작하면 더 많은 것을 털어놓으려는 습성을 가지고 있다. 이 말은 일단 상대의 비밀을 한 번 해제하고 나면, 상대로부터 엄청나게 많은 양의 정보가 쏟아져 나올 가능성이 크다는 말이다. 우리는 이 가능성에 대비하며 상대가 쏟아내는 정보를 어떻게 다뤄야 할지, 또 상대를 어떻게 다뤄야 할지 고민해야 한다. 상대는 우리에게 이미 한 번 비밀을 털어놓았으므로, 그에 대한 이야기를 다시 나누고 싶어 할 가능성이 크다.

정리하자면, 3단계의 주된 목적은 상대에게 직접적인 질문을 던지지 않고도 자연스럽게 대화를 통하여 비밀 주제에 접근하는 것이다. 이를 위해서는 대화의 방향을 비밀 주제 쪽으로 이끌 수 있는 계기를 찾는 것이 중요하다. 만약 이 방법이 통하지 않는다면, 비밀 주제에 대한 간접적이고 포괄적인 질문을 던지는 것도 가능하다.

대화의 방향을 은근히 조종하는 것은 꼭 정보 유도 상황이 아닌 일상에서도 연습해볼 수 있다. 한번 시도해보면, 상대가 눈치 채지 못하게 하면서도 우리의 구미에 맞춰 대화를 좌지우지할 수 있다는 사실에 깜짝 놀라게 될 것이다.

Divert :
대화를 전환하여
긍정적으로 마무리하기

일단 상대가 비밀을 털어놓고 나면 상대로 하여금 사생활을 침해당했다거나 정보를 억지로 빼앗겼다는 기분을 느끼지 않게 하는 것이 중요하다. 만약 상대를 돕기 위하여 정보를 유도한 경우라면 이는 더더욱 중요하다. 사람이 비밀을 지킬 때는 모두 이유가 있으며, 이를 지키는 이들에게 비밀은 소중한 것이기 때문이다.

비밀의 종류에 따라 다르겠지만, 사람들은 종종 비밀을 털어놓고 나면 약점이 노출된 것 같은 기분과 함께 후회를 느낀다. 이와 같은 기분은 대부분 대화가 끝난 후 찾아온다. 우리에게 이용당하거나 배신당했다고 느낄 수도 있고, 비밀을 말함으로써 자기 자신이나 다른 누군가를 배신했다고 느낄 수도 있다. 어떤 경우든, 또 정보 유도의 목적이 무엇이든, 상대가 과거를 뒤돌아보았을 때 우리와 정보 공유한 사실을 긍정적으로 기억하게 해야 한다. 이렇게 하려면, 상대에게서 충분한 정보를 유도한 후 다시 대화의 방향을 전환하여 가벼운 분위기로 마무리하는 것이 좋다. 이렇게 함으로써 나중에 비밀 주체가 느낄 내적 갈등을 최소화할 수 있고, 필요한 경우 나중에 다시 비밀 정보에 대한 이야기를 나누거나 다른 비밀을 유도해낼 수 있다.

사람들은 대부분 타인을 대할 때 일관성을 보인다. 예를 들어 첫 만남에서 격한 논쟁이 오갔다면, 다음번 만났을 때 건네는 인사에는 논쟁의 흔적이 묻어나올 가능성이 높다. 반면 첫 만남이 긍정적으로 마무리되었다면, 다음번 만남 또한 그 긍정적인 분위기 속에서 시작될 것이다.

이유는 간단하다. 시간이 지나고 상황이 바뀌어서 각자의 기분에는 변화가 있었지만, 정작 서로의 관계를 변화시킬 만한 요소는 없었기 때문이다. 그렇기 때문에 둘 사이에 느꼈던 마지막 감정이 다음번 만났을 때의 첫 감정이 되는 것이다. 물론 두 번째 만남에서 대화를 진행하며 관계가 변화할 수도 있지만, 대화의 시작만큼은 첫 만남이 마무리된 방식에 좌우될 수밖에 없다.

물론 서로 만나지 않은 기간 동안 비밀 주체가 우리에 대해 안 좋은 이야기를 듣게 될 수도 있다. 그러나 이런 경우에도 첫 대화의 마무리가 긍정적이었다면 두 번째 대화 또한 여전히 순조롭게 진행될 가능성이 높다. 사람들은 자신이 좋아하는 사람, 그리고 감정적인 공감대를 느끼는 사람과 비밀을 나누려 한다는 사실은 이미 앞서 언급한 바 있다. 그러므로 첫 대화가 끝날 무렵 상대의 마음속에는 비밀 정보를 나눈 것에 대한 걱정이 아닌 우리에 대한 호감이 가장 크게 자리 잡고 있어야 한다. 그래야만 다시 만났을 때 지난번과 같은 분위기로 대화를 이어갈 수 있다.

어쩌면 상대가 우리와 만나지 못한 기간 동안 자신의 행동을 돌아보고 너무 많은 정보를 나눴다고 후회했을 수도 있다. 이 경우 상대는 두 번째 만남에서 조금 더 방어적인 태도를 보이겠지만, 첫 대화의 마무리에 형성되었던 긍정적인 감정은 여전히 유효할 것이다. 이 경우 대화를 전환하여 긍정적으로 마무리하려면 다음의 두 가지를 수행해야 한다.

1. 상대가 비밀 정보를 털어놓은 후에는 대화의 방향을 비밀 주제에서 먼 쪽으로 전환한다. 직접적인 질문을 던져 상대에게 의심을 사지만 않았다면, 대화의 방향을 전환하기가 어렵지 않을 것이다.
2. 비밀 주체가 안심하고 즐거워할 만한 주제로 대화하며, 다음번 대화를 위한 긍정적인 분위기를 마련한다.

상대가 우리에게 정보를 털어놓지 않았다고 해도 대화의 전환 단계는 매우 중요하다. 첫 대화를 성공적으로 마무리함으로써 다음번 대화 시 정보 유도를 시도하기가 한결 수월해질 것이기 때문이다. 다시는 상대를 만날 일이 없다고 생각하는 경우에도 마찬가지다. 언제 어디서 다시 마주칠지 모르는 일 아닌가. 전환 기술을 통하여 대화를 긍정적으로 마치고 나면, 다음번 만남에서는 기본적으로 상대의 호감을 받는 상태에서 대화를 시작하게 된다. 더불어, 두 번째 대화를 시작할 때에는 연결포인트의 중요성 또한 명심해야 한다. 첫 번째 대화에서 포착한 연결포인트를 적절히 활용하기만 한다면, 상대가 처음 우리에게 친밀감을 느끼며 정보를 털어놓기 시작했던 그 순간의 분위기를 그대로 끌어와 두 번째 대화로 연결할 수 있을 것이다.

Chapter 4. Key Points :

독자들의 기억을 돕고, 원하는 때에 쉽게 찾아볼 수 있도록 Chapter 4에 등장한 주요 내용을 아래와 같이 정리해보았다.

READ는 상대의 비밀 정보를 해제하고자 할 때 손쉽게 활용할 수 있는 4단계 정보유도법을 나타내는 약자다. 이 모델은 장기와 단기, 그리고 직접과 간접 정보유도에서 모두 활용할 수 있다.

● **Research : 상대에 대해 연구하고 분석하기**

- 연구 : 비밀 주체에 대하여 가능한 많은 것을 알아내라. 상대를 연구할 수 있는 시간은 상황에 따라 몇 분이 될 수도 몇 달이 될 수도 있다.
- 분석 : 상대와 접촉하게 될 환경과 시점에서 상대가 보일 성격적 상태를 분석하라.

- **Engage : 미끼, 낚싯줄, 연결포인트를 활용하여 정보 유도하기**

- 미끼 : 전 단계에서의 분석을 바탕으로 적절한 정보유도 낚싯줄과 심리적 미러링을 활용하여 공통의 관심 주제에 대한 대화를 시작하라.
- 낚싯줄 : 상대와의 거리를 좁히고 신속하게 친밀감을 형성하기 위하여 정보유도의 낚싯줄을 던져라.
- 연결포인트 : 대화가 진행되는 중 상대가 긍정적으로 반응하거나 갑자기 정보를 공유하기 시작하는 부분을 기억해두라. 이러한 부분은 다음번 대화 시 첫 대화의 긍정적이고 친밀한 느낌을 그대로 재현하는 연결포인트로 활용할 수 있다.

- **Access : 비밀에 다가가기**

- 비밀 정보에 접근하기 위하여, 상대와의 대화 중 비밀에 관련된 주제로 자연스럽게 넘어갈 수 있는 계기를 찾아라. 직접적인 질문은 피하라. 상대를 겁먹게 할 수도 있고, 대화가 끝난 후에도 상대가 찜찜하게 느낄 수 있기 때문이다. 만약 주제를 전환하려는 우리의 은근한 시도에 상대가 대화를 멈추려 하거나 선을 그으려 하면, 정보유도 낚싯줄을 활용하여 친밀감을 형성하는 동시에 그 주제에서 다시 멀어지라. 상대가 의심

하는 기색 없이 자연스럽게 정보를 털어놓기 시작한다면 열심히 경청하며 최대한 많은 정보를 모으고, 다음 단계에서 연결포인트로 활용할 수 있는 요소를 찾고 기억해두라.

● Divert : 대화를 전환하여 긍정적으로 마무리하기

• 비밀 주제와 관련된 이야기를 나누고 난 후에는 대화의 주제를 다시 전환해야 한다. 그렇게 해야지만 대화가 종료된 후 상대의 마음에 비밀 주제 관련 내용이 크게 남지 않기 때문이다. 즐거운 분위기로 대화를 마무리해야 다음번 만남 또한 비슷한 분위기로 시작할 수 있다.

이제 시작이다!

이제 당신은 모든 사람에게서 모든 정보를 유도해낼 수 있는 지식을 가지게 되었다. 그러나 이 지식을 효과적인 기술로 발전시키려면 실제 사용해보는 것이 중요하다. 어려운 임무로 생각할 필요는 전혀 없다. 오히려 즐거울 것이라 확신한다. 독자들은 이러한 기술을 사용했을 때 사람들이 털어놓는 정보의 양에 깜짝 놀라게 될 것이다. 되도록 간단한 일상적인 대화에서부터 시작하여 많은 연습을 거칠 것을 권한다.

예를 들어 어느 매장에서 뭔가를 구매하려 할 때 매장 직원을 대상으로 배운 기술을 활용해보는 건 어떨까? 목표는 그 직원에 대하여 가능한 많은 정보를 유도하는 것이다. 상황에 따라 다르겠지만, 그 직원의 재직 기간, 월급 액수, 혼인 여부, 심지어 집 주소까지 알아낼 수도 있을 것이다. 기술의 활용을 권하는 가장 큰 이유는 우선 연습이 되기 때문이다. 게다가 모든 기술을 훌륭하게 사용했다면, 상대는 즐거운 대화를 해서 기분이 좋을 테고, 곧 당신을 다시 만나고 싶어 할지도 모른다.

버스 정류장, 직장, 기차, 택시 그리고 파티까지, 연습은 어디에서나 가능하다. 이러한 기술을 활용해보는 것에는 단점도 없다. 상대는 유쾌한 대화를 즐겨서 좋고, 우리는 기술과 자신감을 쌓을 수 있으니 좋은 것이다.

이제 여러분은 가장 효과적인 최첨단 정보유도법을 터득하고, 개인적인 인간관계나 직장생활에 적용하여 비밀을 알아내는 방법까지 알게 되었다. 부디 아무에게도 말하지 않기를. 비밀을 꼭 지키기를 바란다.

내게 비밀을 말해 봐!
비밀을 감추려는 자와 비밀을 캐내려는 자의 심리게임

초판 1쇄 발행 | 2014년 10월 13일
지은이 | 데이비드 크레이그
옮긴이 | 정영은
펴낸곳 | 윌컴퍼니
펴낸이 | 김화수
등록 | 2011년 4월 19일 제300-2011-71호
주소 | (110-872) 서울시 종로구 사직로8길 34, 1203호
전화 | 02-725-9597
팩스 | 02-725-0312
이메일 | willcompany@nate.com
ISBN | 979-11-85676-11-1   03180

이 도서의 국립중앙도서관 출판시도서목록(CIP)은 서지정보유통지원시스템 홈페이지
(http://seoji.nl.go.kr)와 국가자료공동목록시스템(http://www.nl.go.kr/kolisnet)에서
이용하실 수 있습니다.(CIP제어번호: CIP2014028308)